어린이 과학탐험대와 함께 =

파워포인트 2016

어린이 과학탐험대와 함께 떠나는 파워포인트 2016

초판 1쇄 발행_2022년 02월 15일
지은이 웰북교재연구회　　**발행인** 임종훈
표지·편집디자인 인투　　**출력·인쇄** 정우 P&P
주소 서울시 마포구 방울내로 11길 37 프리마빌딩 3층
주문/문의전화 02-6378-0010　**팩스** 02-6378-0011
홈페이지 http://www.wellbook.net

발행처 도서출판 웰북
ⓒ 도서출판 웰북 2022
ISBN 979-11-86296-68-4 13000

Contents

이 책의 차례

변신의 황제, 카멜레온!

학습
목표

● 숲속에 사는 작은 동물들은 큰 동물로부터 어떻게 보호할까요?
● 카멜레온과 같은 동물들이 어떻게 몸을 보호하는지 알아보아요.

월	일	타수

나뭇잎 속에 숨으려고 녹색으로 몸의 색을 바꿨지!

① 타자연습

● 작은 동물들이 어떻게 몸을 보호하는지 이야기를 읽고 친구들과 생각을 나누어 보아요.
● 한컴타자연습에서 이야기를 타자로 연습해요.

⊙ 연습파일 : 카멜레온.txt

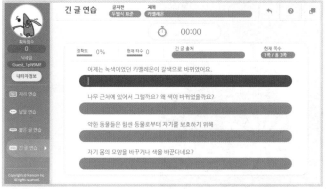

▲ 실습예제

궁금해요

작은 동물들은 다른 동물들에게 잡아먹히지 않도록 몸을 주위 환경의 색을 닮게 만들어요. 애벌레나 개구리처럼 풀의 색처럼 초록색으로 바꾸거나 꿩처럼 여름에는 갈색, 겨울에는 흰색으로 바꾸기도 해요. 카멜레온처럼 주위의 색에 따라 재빨리 바꾸기도 해요. 이렇게 자기를 감추기 위해 바꾸는 색을 보호색이라고 해요.

② 이야기 그리기

- 숲속에 들어간 녹색 카멜레온이 알록달록한 꽃밭으로 도망갔어요!
- 숨바꼭질을 잘하는 카멜레온이 어떻게 색이 바뀌었을지 만들어 보아요.

⊙ 연습파일 : 카멜레온.gif

작업예제

완성예제

그림판에서 카멜레온
그림을 불러온 후 [색 채우기]
툴로 예쁜 색을 골라
채워 보세요.

따라해보세요

6

3 파워포인트로 만들어요

● 슬라이드에 내 생각을 정리해 보아요.

● 새로운 슬라이드를 만들고 글자를 입력하는 방법을 알아보아요.

◉ 연습파일 : 새로 만들기

◎ 완성파일 : 숲속동물(완성).pptx

숲속 친구들은 어떻게 자기를 보호할까요? 파워포인트에서 새로운 슬라이드를 만들고 동물들이 자기를 보호하는 방법을 알아보아요.

스컹크의 보호방법

• 위험한 동물이 나타나면 방귀를 뀌어요.

• 지독한 냄새를 내고 도망을 가요.

• 아무도 없는 밤에 다니는 것을 좋아해요.

▲ 완성파일

① 파워포인트 프로그램을 실행하여 [새 프레젠테이션]을 클릭하면 글자를 입력할 수 있는 새 슬라이드가 나타나요. '제목을 입력하십시오' 부분을 클릭해 커서가 나타나면 '동물들의 보호 방법'이라고 입력해요.

② '부제목을 입력하십시오' 부분을 클릭하고 친구들의 이름을 입력해요. 여기서는 '우리 초등학교 2학년 3반 김지수'를 입력했어요.

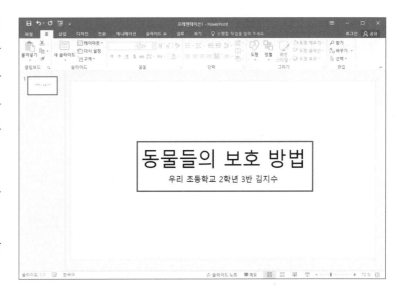

③ 내용을 입력할 새로운 슬라이드를 만들어요. [홈] 탭-[슬라이드] 그룹-[새 슬라이드(□)]를 클릭하고 '제목 및 내용'을 선택해요.

④ 새로운 슬라이드가 만들어지면 제목과 내용을 그림과 같이 입력해요. 다른 줄에 입력할 때는 Enter 를 눌러요.

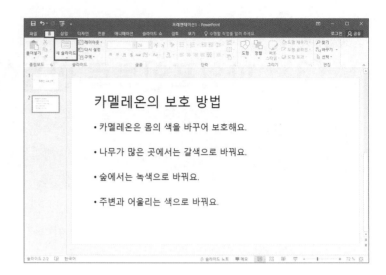

⑤ 같은 방법으로 새로운 슬라이드를 하나 더 만들고 그림과 같이 입력해요.

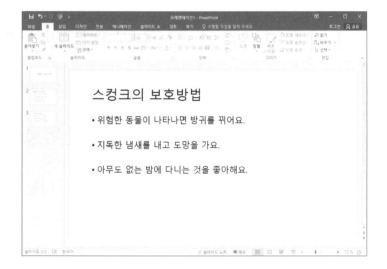

⑥ 완성된 파일을 저장하기 위해 [파일]-[저장]을 클릭해요.

⑦ [다른 이름으로 저장] 대화상자가 표시되면 [저장 위치]는 '문서', [파일 이름]은 '숲속동물'을 입력하고 [저장] 단추를 클릭해요.

1 그림과 같이 슬라이드에 내용을 입력해 만들어 보세요.

◉ 연습파일 : 새로 만들기
◎ 완성파일 : 강아지(완성).pptx

내가 좋아하는 동물
우리초등학교 2학년 3반 김지수

나는 강아지를 좋아해요

• 우리집은 길고 하얀 털이 가득한 강아지를 키우고 있어요.

• 학교에서 돌아오면 반갑다고 인사도 해요.

• 언니는 털이 날린다고 좋아하지 않지만, 나는 강아지가 귀엽기만 해요.

2 그림과 같이 슬라이드에 내용을 입력해 만들어 보세요.

◉ 연습파일 : 새로 만들기
◎ 완성파일 : 세계여행(완성).pptx

가보고 싶은 나라
우리초등학교 2학년 3반 김지수

이탈리아를 가보고 싶어요

• 이탈리아에 가면 맛있는 피자를 먹을래요.

• 기울어져 있다는 피사의 사탑도 볼꺼예요.

• 동전을 던지면 다시 이탈리아에

02 나뭇잎이 빨갛게 바뀌었어요!

월	일	타수

에피소드 1 타자연습

- 단풍잎은 어떻게 색이 바뀌는지 이야기를 읽고 친구들과 생각을 나누어 보아요.
- 한컴타자연습에서 이야기를 타자로 연습해요.

◉ 연습파일 : 단풍.txt

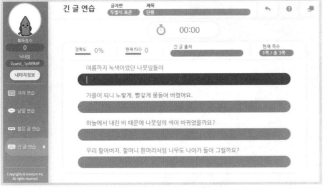

▲ 실습예제

궁금해요

은행나무 잎은 여름에는 녹색이었다가 가을이 되면 노란색으로 바뀌어요. 단풍나무과에 속하는 나뭇잎들은 속에 들어 있는 엽록소에 따라 노랑, 빨강, 갈색 등 다양한 색으로 예쁜 단풍이 든답니다. 추운 바람에 떨어진 낙엽들은 다시 나무의 뿌리에 쌓여 겨울 동안 나무들이 자라나는 데 도움이 되는 거름이 되어요.

② 이야기 그리기

- 가을이 되면 산에 불이 난 것처럼 노랗게 빨갛게 나뭇잎이 물들어요.
- 친구들이 생각하는 색으로 나뭇잎을 예쁘게 물들여 보세요.

⊙ 연습파일 : 단풍.gif

작업예제

완성예제

그림판에서 단풍 그림을
불러온 후 [색 채우기] 툴로
예쁜 색을 골라 채워 보세요.
다양한 색으로 예쁘게
꾸며 보세요.

따라해보세요

3 파워포인트로 만들어요

- 슬라이드의 레이아웃을 바꾸는 방법을 알아보아요.
- 슬라이드에 입력한 글자를 예쁘게 꾸미는 방법을 알아보아요.

◉ 연습파일 : 새로 만들기
◎ 완성파일 : 가을단풍(완성).pptx

가을이 되면 나뭇잎들이 예쁘게 색이 변하죠? 친구들이 슬라이드에 입력한 글자들도 예쁘게 바꿀 수 있어요.

산에 불이 났나봐요!

- 산이 단풍으로 온통 빨갛게 물들었어요. 멀리서 보면 불이 난 것 같아요.

- 은행나무는 노랗게 단풍나무는 빨갛게 예쁜 색으로 바뀌었어요.

- 다시 여름이 되면 나무들도, 산도 초록색으로 가득하겠죠?

▲ 완성파일

1️⃣ 파워포인트를 실행하여 새 슬라이드가 표시되면 레이아웃을 바꾸기 위해 [홈] 탭–[슬라이드] 그룹–[레이아웃]에서 '제목 및 내용'을 선택해요.

2️⃣ 슬라이드 레이아웃이 바뀌면 그림과 같이 내용을 입력해요.

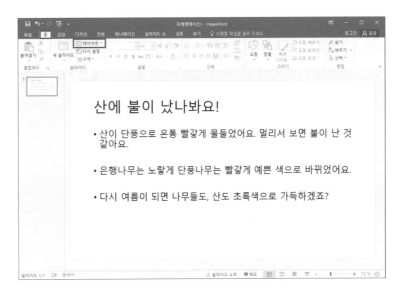

③ 제목이 입력되어 있는 첫 부분으로 마우스를 가져간 후 왼쪽 버튼을 꾹 누르고 마지막 부분까지 드래그해요.

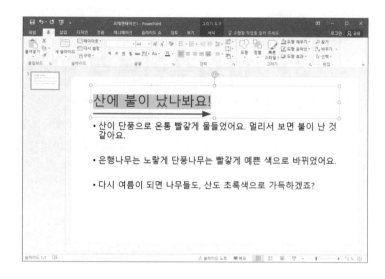

④ 블록이 지정되면 [홈] 탭-[글꼴] 그룹에서 [글꼴]은 '휴먼옛체', [크기]는 '54pt'를 선택하고 [글꼴 색(가)]을 클릭하여 '진한 빨강'을 선택해요.

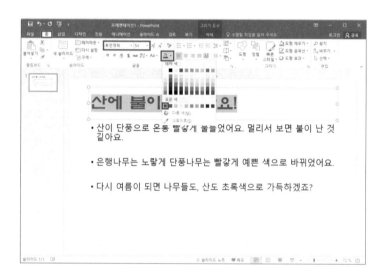

⑤ 내용이 입력된 부분도 같은 방법을 이용하여 그림처럼 글자 모양을 예쁘게 바꾸고 저장해요.

조건

• 첫 번째 단락 : 'HY강M', '32pt', '빨강'
• 두 번째 단락 : 'HY엽서L', '28pt', '연한 녹색'
• 세 번째 단락 : '양재난초체M', '32pt', '연한 파랑'

산에 불이 났나봐요!

• 산이 단풍으로 온통 빨갛게 물들었어요. 멀리서 보면 불이 난 것 같아요.

• 은행나무는 노랗게 단풍나무는 빨갛게 예쁜 색으로 바뀌었어요.

• 다시 여름이 되면 나무들도, 산도 초록색으로 가득하겠죠?

혼자서 해보기

1 그림과 같이 슬라이드에 내용을 입력해 만들어 보세요.

◉ 연습파일 : 새로 만들기
◎ 완성파일 : 기차여행(완성).pptx

기차타고 여행을 떠나요!

- 기차를 타고 즐거운 여행을 떠나요.
  높은 산도 지나고 넓은 들도 지나가요.

- 새로운 세상을 찾아 신나게 달려가요.
  바람처럼 쌩쌩 기차가 빨리 달려요.

- 가족들과 재미있는 추억을 만들어요.
  사진도 찍고 맛있는 음식도 함께 먹어요.

조건

- 제목 : 'HY엽서M', '48pt', '자주'
- 첫 번째 단락 : 'HY강M', '32pt', '파랑'
- 두 번째 단락 : 'HY궁서', '32pt', '진한 빨강'
- 세 번째 단락 : 'HY나무M', '32pt', '주황'

2 그림과 같이 슬라이드에 내용을 입력해 만들어 보세요.

◉ 연습파일 : 새로 만들기
◎ 완성파일 : 작은별(완성).pptx

Twinkle, twinkle, little star

- Twinkle, twinkle, little star,
- How I wonder what you are.

- Up above the world so high,
- Like a diamond in the sky.

- Twinkle, twinkle, little star,
- How I wonder what you are!

조건

- 제목 : 'HY동녘M', '48pt', '빨강'
- 첫 번째 단락 : 'HY나무M', '32pt', '자주'
- 두 번째 단락 : 'HY강B', '32pt', '연한 파랑'
- 세 번째 단락 : 'HY바다M', '32pt', '연한 녹색'

03 하늘에 무지개가 떴어요!

학습
목표

- 비가 오고 난 후 하늘이 맑아지면 무지개가 나타나요.
- 예쁜 무지개는 어떻게 생기는지 알아보아요.

월	일	타수

비가 오고 나면 예쁜 무지개를 볼 수 있어!

에피소드 1 타자연습

- 무지개가 어떻게 나타나는지 이야기를 읽고 친구들과 생각을 나누어 보아요.
- 한컴타자연습에서 이야기를 타자로 연습해요.

⊙ 연습파일 : 무지개.txt

	타수
무더운 여름날, 하늘에서 시원하게 비가 내려요.	26
빗속에서 친구들과 신나게 물장난을 하고 싶지만	52
엄마는 감기 걸린다고 꼭 우산을 쓰라고 하세요.	79
우비를 입고, 장화도 신고 우산을 쓰고 길을 걸으면	108
투둑투둑 내리는 빗소리가 재미있는 노래처럼 들려요.	137
그런데, 비가 오는 날을 좋아하는 이유는 따로 있어요.	168
하늘이 맑아지면 저기 먼 하늘에 일곱 색깔 무지개가 나타나요.	203
빨주노초파남보 예쁜 무지개를 볼 수 있는 비 오는 날이 좋아요.	239

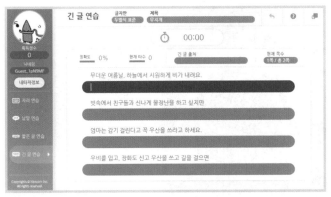

▲ 실습예제

궁금해요

비가 오고 난 후 공기 속에 남아 있는 물방울에 의해 태양 빛이 일곱 가지 색으로 보이는 것이 바로 무지개예요. 태양의 반대쪽에 소나기가 오는 날에 무지개가 잘 생긴다고 해요. 하늘에서 내려온 무지개가 선 곳을 파면 금은보화가 나온다는 전설도 있답니다. 선녀님들이 깊은 산 속 맑은 계곡에 목욕하러 무지개를 타고 온다는 옛날이야기도 있어요.

2 이야기 그리기

- 친구들은 무지개를 본 적이 있나요?
- 빨강, 주황, 노랑, 초록, 파랑, 남색, 보라 일곱 개의 색으로 예쁜 무지개를 색칠해요.

⊙ 연습파일 : 무지개.gif

작업예제

완성예제

그림판에서 무지개 그림을 불러온 후 예쁘게 색을 채워 보세요. [에어브러시] 툴을 이용하면 무지개를 더 재미있게 꾸밀 수 있어요.

따라해보세요

3 파워포인트로 만들어요

- 슬라이드의 텍스트를 정렬하는 방법을 알아보아요.
- 줄 간격을 조절하는 방법을 알아보아요.

◎ 연습파일 : 새로 만들기
◎ 완성파일 : 무지개(완성).pptx

빨주노초파남보 예쁜 무지개 색에 맞게 글자 서식을 바꿔 보아요. 글자들의 위치를 바꾸는 방법도 알아 보아요.

무지개는 어떤색?

- 잘 익는 사과를 닮은 빨간색
- 내가 좋아하는 당근과 같은 주황색

- 나무에 가득한 잎과 같은 초록색
- 구름없이 맑은 하늘과 같은 파란색
- 아빠가 즐겨입는 바지와 같은 남색
- 내가 좋아하는 인형과 같은 보라색

▲ 완성파일

① 파워포인트를 실행한 후 새로운 슬라이드가 표시되면 레이아웃을 바꾸기 위해 [홈] 탭-[슬라이드] 그룹-[레이아웃]에서 '제목 및 내용'을 선택해요. 그림과 같이 내용을 입력해요.

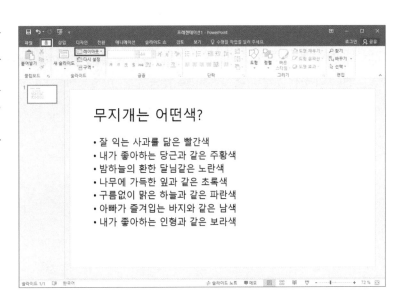

② 입력된 내용을 '빨강, 주황, 노랑, 초록, 파랑, 남색, 보라' 무지개 색에 맞게 글자 색을 바꾸어요.

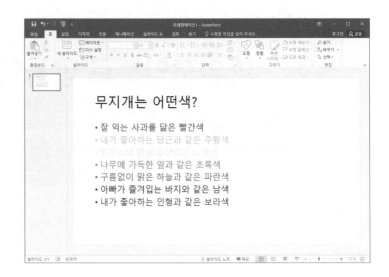

③ 제목 부분을 드래그하여 선택해요. [홈] 탭-[단락] 그룹에서 '가운데 맞춤(≡)'을 클릭해요.

④ 내용 부분을 모두 선택하고 같은 방법으로 텍스트를 가운데로 정렬해요.

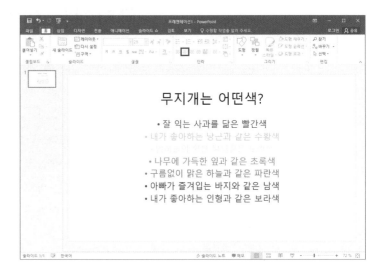

⑤ 내용 부분을 모두 블록 설정하고 [홈] 탭-[단락] 그룹-[줄 간격(↕≡)]에서 '1.5'를 선택해요. 텍스트 크기가 자동으로 작아지면서 줄 간격이 벌어진 것을 확인할 수 있어요.

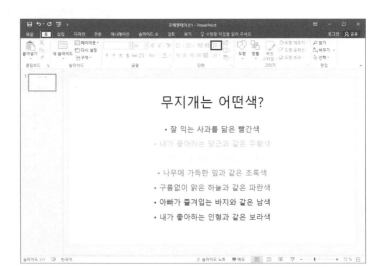

1 그림과 같이 슬라이드에 내용을 입력하고 그림처럼 정렬해 보세요.

◉ 연습파일 : 새로 만들기
◎ 완성파일 : 인사말(완성).pptx

세 계 의   친 구 들 과   인 사 해 요

- 미국에 사는 친구들에게 굿모닝!
- 프랑스에 사는 친구들에게 봉주르!

- 스페인에 사는 친구들에게 올라!
- 중국에 사는 친구들에게 니하오!

- 일본에 사는 친구들은 곤니찌와!
- 아랍에 사는 친구들은 앗쌀라무 알라이쿰!

2 그림과 같이 슬라이드에 내용을 입력하고 그림처럼 정렬해 보세요.

◉ 연습파일 : 새로 만들기
◎ 완성파일 : 토마토(완성).pptx

멋쟁이 토마토

- 울퉁불퉁 멋진 몸매에 빨간 옷을 입고

- 새콤달콤 향기 풍기는 멋쟁이 토마토

- 나는야 주스될꺼야! 나는야 케찹될꺼야!

- 나는야 춤을 출꺼야! 멋쟁이 토마토

월	일	타수

이를 깨끗이 닦아야 충치가 안 생겨!

반짝
치약

타자연습

- 어떻게 하면 충치를 예방할 수 있는지 이야기를 읽고 친구들과 생각을 나누어 보아요.
- 한컴타자연습에서 이야기를 타자로 연습해요.

⊙ **연습파일 : 충치벌레.txt**

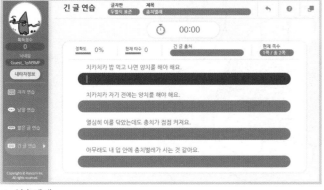

▲ 실습예제

궁금해요

설탕을 많이 포함하는 음식을 먹으면 치아를 보호하고 있는 부분을 상하게 하는데 양치를 규칙적으로 하지 않으면 충치가 생겨요. 충치가 생기면 이에 구멍이 나거나 잇몸이 아파요. 눈에 보이지 않는 충치 벌레를 잡으려면 식사를 하고 난 후에 꼭 양치를 해야 해요. 너무 달콤한 음식만 좋아하거나 사탕을 깨물어 먹으면 안 돼요!

이야기 그리기

- 친구들의 입 속에는 충치가 몇 개나 있을까요?
- 양치질을 잘하면 충치벌레를 막을 수 있어요. 지우개로 충치벌레를 잡아 보아요.

◉ 연습파일 : 충치벌레.gif

작업예제

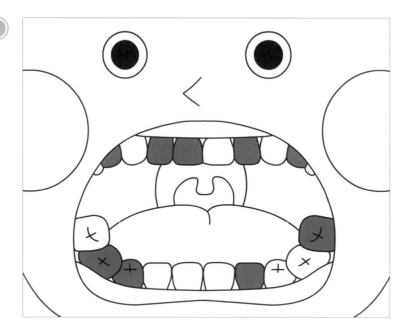

완성예제

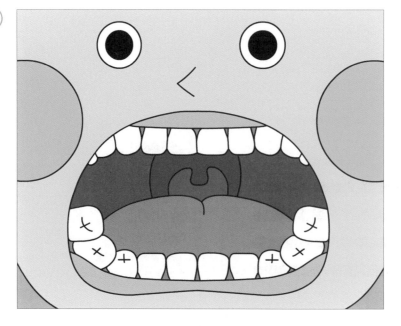

그림판에서 충치벌레
그림을 불러온 후 [지우개] 툴로
충치가 있는 검은 치아를
하얗게 만들고 색을 채워
완성해요.

따라해보세요

3 파워포인트로 만들어요

- 글머리 기호를 삽입하는 방법을 알아보아요.
- 번호 매기기를 삽입하는 방법을 알아보아요.

⊙ 연습파일 : 새로 만들기
◎ 완성파일 : 충치벌레(완성).pptx

충치는 왜 생길까요? 어떻게 하면 충치를 예방할 수 있는지 적어 보고, 글자 앞에 예쁜 글머리 기호와 번호를 입력하는 방법을 알아보아요.

이가 아파요!

① 달콤한 음식을 먹고 이를 닦지 않으면 충치가 생겨요.

② 식사를 하고 나면 꼭 양치를 해야 건강한 치아를 간직할 수 있어요.

③ 칫솔로 윗니, 아랫니를 꼼꼼하게 닦아야 충치가 생기지 않아요.

▲ 완성파일

① 파워포인트를 실행한 후 새로운 슬라이드가 표시되면 레이아웃을 바꾸기 위해 [홈] 탭-[슬라이드] 그룹-[레이아웃]에서 '제목 및 내용'을 선택해요. 그림과 같이 내용을 입력해요.

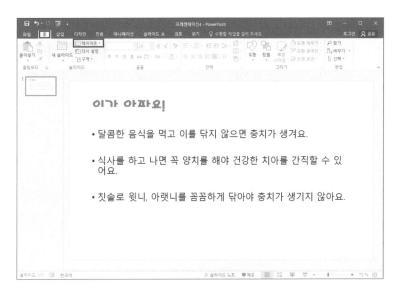

② 입력된 내용을 조건에 맞게 글자 색을
바꾸어요.

조건

• 제목 : '휴먼엑스포', '주황, 강조 2, 25% 더 어둡게', '48pt', '굵게'
• 첫 번째 단락 : '양재매화체S', '파랑, 강조 1', '36pt'
• 두 번째 단락 : 'HY엽서M', '자주', '32pt'
• 세 번째 단락 : 'HY나무M', '주황, 강조 2', '32pt'

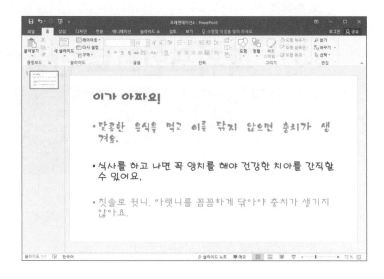

③ 모든 단락을 드래그하여 블록을 설정
해요. [홈] 탭-[단락] 그룹-[글머리
기호(≔)]를 클릭하고 '별표 글머리
기호'를 선택해요. 단락 앞에 선택한
도형이 글머리 기호로 적용돼요.

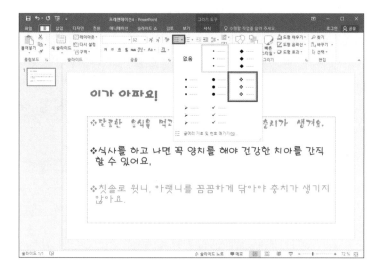

④ [홈] 탭-[단락] 그룹-[번호 매기기
(≔)]를 클릭하고 '원 숫자'를 선택해
요. 글머리 기호가 원 모양의 숫자로
바뀌어요.

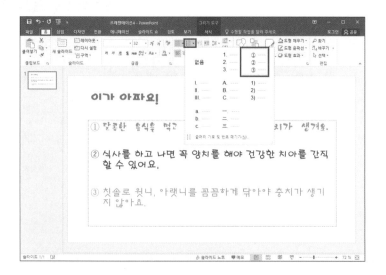

1 그림과 같이 슬라이드에 내용을 입력하고 '대조표 글머리 기호'를 삽입하세요.

◉ 연습파일 : 새로 만들기
◎ 완성파일 : 여름방학(완성).pptx

여름방학 해야할 일

✓ 컴퓨터로 타자연습하기
✓ 부모님과 외갓집 다녀오기
✓ 친구들과 과학박물관 다녀오기
✓ 매일 그림일기 쓰기
✓ 동화책 읽고 감상문 쓰기
✓ 매주 금요일에는 수영연습하기
✓ 선생님께 편지쓰기

2 그림과 같이 슬라이드에 내용을 입력하고 'A, B, C' 번호 매기기를 삽입하세요.

◉ 연습파일 : 새로 만들기
◎ 완성파일 : 함께할일(완성).pptx

친 구 들 과 함 께 해 야 한 일

A. 친구들과 함께 우리 주변에 있는 가게들은 어떤 것이 있는지 조사해요.

B. 친구들과 연극을 보고 기억에 남는 장면을 발표하도록 연습해요.

C. 친구들과 여러가지 악기를 가지고 연주해요.

05 나비야! 나비야!

학습
목표
- 봄이 오면 들판을 나는 예쁜 나비를 만날 수 있어요.
- 나비와 꽃은 어떤 관계가 있는지도 알아보아요.

월	일	타수

나비야!
작은 꽃씨를 멀리
옮겨줘!

28

에피소드 1 타자연습

- 친구들이 나비처럼 훨훨 날 수 있다면 어떨까요? 친구들과 생각을 나누어 보아요.
- 한컴타자연습에서 이야기를 타자로 연습해요.

⊙ 연습파일 : 나비야.txt

	타수
어젯밤 꿈속에서 멋진 날개를 펴고 하늘을 훨훨 날았어요.	31
하늘하늘 가볍게 꽃밭을 예쁜 나비들과 함께 날아요.	60
빨간 꽃, 노란 꽃이 가득한 들판을 가로질러	85
햇빛이 환하게 비치는 하늘 높이 올라갔더니 꿈이 깼어요.	117
따스한 봄날, 꽃들 사이로 나는 나비들을 보니	143
나도 나비처럼 훨훨 자유롭게 하늘을 날고 싶어요.	171
날다가 힘들면 예쁜 꽃 위에 사뿐히 내려앉아 쉴 수 있겠죠?	205
봄이 오는 들판을 바라보면 언제나 나비처럼 날고 싶어요.	237

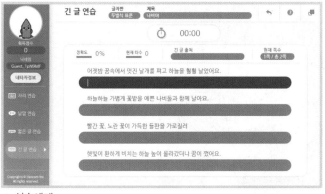

▲ 실습예제

궁금해요

봄날에 많이 볼 수 있는 나비는 작은 유충으로부터 시작해요. 단단한 껍질이 있는 번데기로 오랫동안 기다렸다가 껍질을 열고 멋진 나비로 변신한답니다. 천천히 날고 있는 것 같아도 1초에 20번이나 날갯짓을 한대요. 날개 색에 따라 하얗고 노란 나비도 있지만, 호랑나비처럼 예쁜 날개를 가지고 있는 나비도 있어요.

에피소드 2 이야기 그리기

- 예쁜 꽃밭을 훨훨 나는 나비를 그려 보아요.
- 나비의 날개를 예쁜 색으로 채워 멋있게 꾸며 보아요.

⊙ 연습파일 : 나비.gif

작업예제

완성예제

그림판에서 나비 그림을
불러온 후 [색 채우기] 툴로
예쁜 색을 골라 채워 보세요.
꽃들도 예쁜 색을 채워
따뜻한 봄 들판을 완성해요.

따라해보세요

③ 파워포인트로 만들어요

● 글자를 복사하고 붙여넣는 방법을 알아보아요.
● 서식 복사 기능으로 서식을 복사하는 방법을 알아보아요.

◉ 연습파일 : 새로 만들기
◎ 완성파일 : 나비야(완성).pptx

같은 글자를 계속 입력하려면 불편하죠? 글자를 복사하여 원하는 위치에 복사하는 방법을 알아보아요.
글자 모양도 복사하여 빠르게 바꾸는 방법도 알아보아요.

나비야 나비야!

- 나비야 나비야 이리날아 오너라!
  노랑나비 흰나비 춤을 추며 오너라
  봄바람에 꽃잎도 방긋방긋 웃으며
  참새도 짹짹짹 노래하며 춤춘다
- 나비야 나비야 이리날아 오너라!
  노랑나비 흰나비 춤을 추며 오너라
  봄바람에 꽃잎도 방긋방긋 웃으며
  참새도 짹짹짹 노래하며 춤춘다

▲ 완성파일

① 파워포인트를 실행하고 슬라이
드 레이아웃을 바꾸기 위해 [홈]
탭-[슬라이드] 그룹-[레이아웃]에
서 '제목 및 내용'을 선택해요. 그림
과 같이 내용을 입력해요.

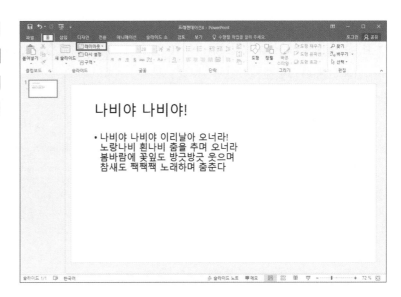

② 입력한 내용을 모두 선택하고 [홈]
탭-[클립보드] 그룹-[복사(📋)]를
클릭해요.

③ 입력한 내용의 가장 뒤에 커서를 두
고 Enter 를 클릭하여 이동한 후 [홈]
탭-[클립보드] 그룹-[붙여넣기(📋)]
를 클릭해요.

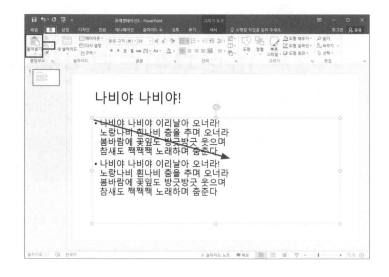

④ 같은 내용이 복사되면 그림과 같이
'나비' 글자를 블록으로 설정하고 [홈]
탭-[글꼴] 그룹에서 'HY강B', '밑줄',
'주황'으로 서식을 적용해요.

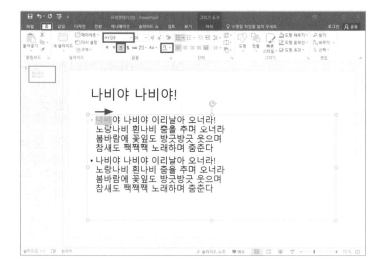

⑤ 서식이 적용된 글자 안에 커서를 두고
[홈] 탭-[클립보드] 그룹-[서식 복사
(🖌)]를 더블클릭해요.

⑥ 마우스 포인터 모양이 바뀌면 내용 중
에 '나비' 글자를 하나씩 드래그해요.
복사한 서식이 적용돼요.

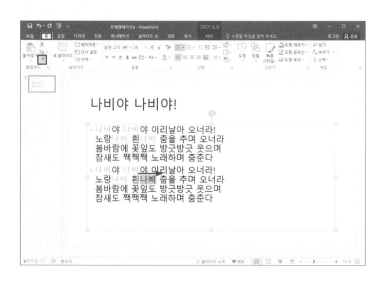

1 '잘잘잘' 단어에 적용된 서식을 복사하여 같은 글자에 모두 적용해 보세요.

◉ 연습파일 : 잘잘잘.pptx
◎ 완성파일 : 잘잘잘(완성).pptx

재미있는 숫자 노래

1. 하나 하면 할머니가 지팡이를 짚는다고 *잘잘잘*
2. 둘을 하면 두부장수 두부를 판다고 *잘잘잘*
3. 셋 하면 새색시가 거울을 본다고 *잘잘잘*
4. 넷 하면 냇가에서 빨래를 한다고 *잘잘잘*
5. 다섯 하면 다람쥐가 도토리를 줍는다고 *잘잘잘*
6. 여섯 하면 여학생이 공부를 한다고 *잘잘잘*
7. 일곱 하면 일꾼들이 나무를 벤다고 *잘잘잘*
8. 여덟 하면 엿장수가 호박엿을 판다고 *잘잘잘*
9. 아홉 하면 아버지가 신문을 본다고 *잘잘잘*
10. 열 하면 열무장수 열무가 왔다고 *잘잘잘*

2 '몰라요' 단어에 적용된 서식을 복사하여 같은 글자에 모두 적용해 보세요.

◉ 연습파일 : 어른들은몰라요.pptx
◎ 완성파일 : 어른들은몰라요(완성).pptx

어른들은 몰라요

우리가 무엇을 좋아하는지 어른들은 **몰라요**
우리가 무엇을 갖고싶어하는지 어른들은 **몰라요**
장난감만 사주면 그만인가요
예쁜옷만 입혀주면 그만인가요
어른들은 **몰라요** 아무것도 **몰라요**
마음이 아파서 그러는건데
언제나 혼자이고 외로운 우리들을
따뜻하게 감싸주세요 사랑해주세요

06 꽃이 활짝 폈어요.

학습 목표
● 우리 주변에 피는 꽃은 어떤 것이 있는지 알아보아요.
● 꽃의 이름과 어떻게 생겼는지 알아보아요.

월	일	타수

봄이 되면 예쁜 꽃을 많이 만날 수 있어요!

1 타자연습

● 친구들의 이름처럼 꽃들도 예쁜 이름을 가지고 있어요. 친구들이 알고 있는
꽃에 대해 이야기를 나눠 보아요.
● 한컴타자연습에서 이야기를 타자로 연습해요.

⊙ 연습파일 : 꽃.txt

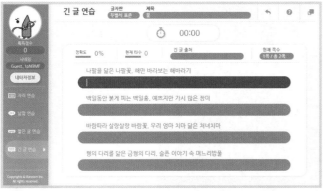

▲ 실습예제

궁금해요

사계절이 뚜렷한 우리나라에서는 계절마다 예쁜 꽃을 만날
수 있어요. 혼자 움직일 수 없는 꽃은 나비나 벌이 다른 곳
으로 꽃가루나 씨를 날러 퍼트려요. 민들레처럼 바람이 불
면 씨가 멀리 날아가는 꽃도 있어요. 색이 알록달록한 예쁜
꽃들은 옛날부터 소설이나 미술 작품의 주인공으로 자주
등장해요. 선생님과 예쁜 꽃말도 알아보세요.

2 이야기 그리기

- 들판 가득 예쁜 꽃들이 피어 있어요.
- 친구들이 좋아하는 색으로 채우고 좋아하는 예쁜 꽃을 직접 그려 보아요.

⊙ 연습파일 : 꽃.gif

작업예제

완성예제

그림판에서 꽃 그림을
불러온 후 [색 채우기] 툴로
예쁜 색을 골라 채워 보세요.
[브러시]를 이용하여 친구들이
좋아하는 예쁜 꽃도
그려 보세요.

따라해보세요

파워포인트로 만들어요

- 슬라이드 배경을 바꾸는 방법을 알아보아요.
- 제목 텍스트를 워드아트로 바꾸는 방법을 알아보아요.

◉ 연습파일 : 봄꽃.pptx
◎ 완성파일 : 봄꽃(완성).pptx

초록색 들판에 알록달록한 꽃이 피어있으면 참 예쁘겠죠? 슬라이드 배경의 색을 바꾸고 제목 텍스트도 예쁘게 바꾸어 보아요.

꽃이 활짝 피었어요!

- 들판에 꽃이 활짝 피면 친구들과 놀러가요.

- 좋아하는 꽃들과 함께 예쁜 사진도 찍어요!

- 다른 사람도 볼 수 있게 꽃을 꺾으면 안돼요!

▲ 완성파일

① '봄꽃.pptx' 파일을 불러와요. 슬라이드 배경 색을 바꾸기 위해 슬라이드 위에서 마우스 오른쪽 버튼을 클릭하고 [배경 서식]을 클릭해요.

② [배경 서식] 작업 창이 표시되면 [채우기]-[그라데이션 채우기]를 선택해요.

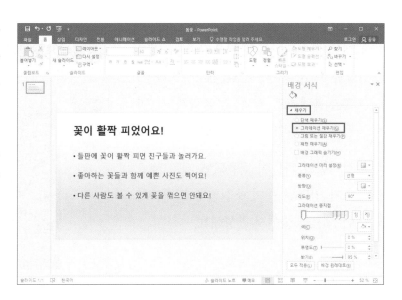

③ 배경을 질감으로 채우기 위해 [그림 또는 질감 채우기]를 선택해요. [질감]을 클릭하고 '코르크'를 선택해요. 선택한 그림이 배경에 적용되면 [닫기]를 클릭해요.

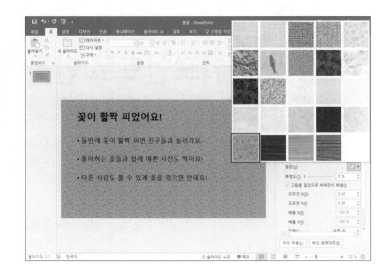

④ 세목에 입력된 텍스트를 블록 설정하고 [그리기 도구]-[서식] 탭-[WordArt 스타일] 그룹-[자세히]를 클릭하고 '채우기 – 흰색, 윤곽선 – 강조 1, 그림자'를 선택해요.

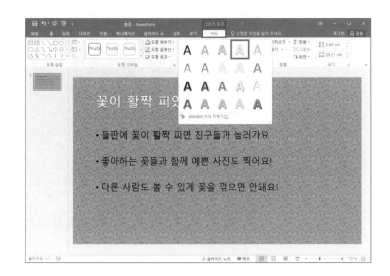

⑤ 제목에 워드아트가 적용되면 [그리기 도구]-[서식] 탭-[WordArt 스타일] 그룹-[텍스트 효과]를 클릭하고 [변환]에서 '삼각형'을 선택해요.

⑥ 선택한 효과들이 적용되면 제목 텍스트가 입력된 틀의 조절점을 드래그하여 크기를 줄여서 완성해요.

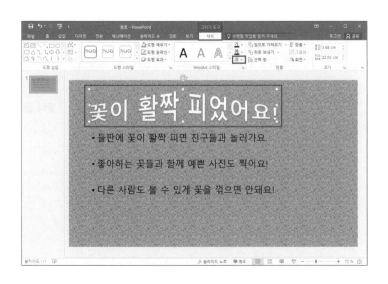

혼자서 해보기

⊙ 연습파일 : 나무.pptx
◎ 완성파일 : 나무(완성).pptx

① 슬라이드 배경을 '가운데 그라데이션 – 강조 6' 그라데이션으로 지정하고 내용을 입력해 완성해 보세요.

나무야 고마워!

- 더운 여름날 시원한 그늘을 만들어줘요.
- 맛있는 열매도 먹을 수 있어요.
- 우리가 보는 책도 나무로 만들었어요.
- 집에서 사용하는 가구도 나무로 만들어요.
- 내가 좋아하는 피아노도 나무로 만들어요.
- 우리에게 많은 것을 주는 나무야 고마워!

⊙ 연습파일 : 자연보호.pptx
◎ 완성파일 : 자연보호(완성).pptx

② 슬라이드 배경을 '오크' 질감으로 지정하고 제목을 '채우기 – 흰색, 윤곽선 – 강조 2, 진한 그림자 – 강조 2'를 적용해 보세요.

자연을 보호해요

우리초등학교 2학년
환경보호활동

07 사과나무야! 맛있는 열매를 부탁해!

월	일	타수

1 타자연습

- 나무는 우리에게 시원한 그늘, 맛있는 열매를 줘요. 나무들이 하는 또 다른 역할에 대해 이야기를 나눠 보아요.
- 한컴타자연습에서 이야기를 타자로 연습해요.

⊙ 연습파일 : 사과나무.txt

	타수
우리 집 앞동산에 꼬마 사과나무를 심어요.	23
나보다 키가 작았던 나무가 어느새 쑥쑥 자라요.	50
화창한 봄날, 파란 잎이 나무 가득 돋아났어요.	77
더운 여름날에는 시원한 나무 그늘 아래에서 쉬어요.	106
가을이 되면 맛있는 빨간 사과가 주렁주렁 열려요.	134
나도 하나, 친구도 하나, 사과를 나누어 주었더니 금세 없어졌어요.	172
추운 겨울날, 나무는 앙상하게 남은 가지만 남아버렸어요.	204
새콤달콤 맛있는 사과를 내년에도 먹을 수 있을까요?	233

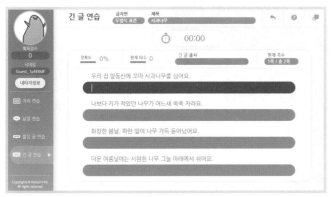

▲ 실습예제

궁금해요

사과나무는 우리 친구들보다 큰 3~10m까지 자란답니다. 비타민이 많은 사과는 건강에도 좋아 '아침에 먹는 사과는 금사과'이라는 말이 있어요. 그냥 먹기도 하지만 우리가 좋아하는 잼이나 주스로 만들 수 있어요. 깎아 놓은 사과는 금세 갈색으로 변하는데 소금이나 설탕을 약간 넣은 물에 넣어 두면 색이 변하지 않아요.

2 이야기 그리기

- 나무 한가득 맛있는 사과가 열렸어요!
- 비어 있는 나무에 꽉 차도록 사과를 그리고 예쁘게 색을 채워 보세요.

⊙ 연습파일 : 사과나무.gif

작업예제

완성예제

그림판에서 사과나무 그림을
불러온 후 [브러시]를 이용하여
사과를 그려 보세요. 사과 뒤에
나뭇가지가 보이면 [지우개]로
지울 수 있어요.

따라해보세요

3 파워포인트로 만들어요

● 테마를 이용하여 슬라이드 서식을 바꾸는 방법을 알아보아요.

⦿ 연습파일 : 사과.pptx
◎ 완성파일 : 사과(완성).pptx

테마를 이용하면 미리 만들어 놓은 디자인 서식을 쉽게 적용할 수 있어요. 슬라이드 디자인을 쉽게 만들수 있는 테마에 대해 알아보아요.

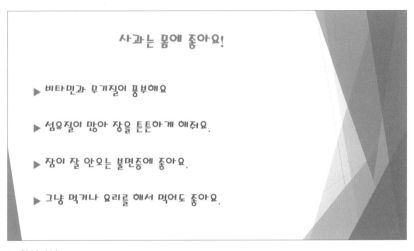

▲ 완성파일

① 슬라이드 테마를 설정하기 위해 [디자인] 탭-[테마] 그룹-[자세히]에서 '이온'을 클릭해요. 모든 슬라이드에 선택한 테마가 적용돼요.

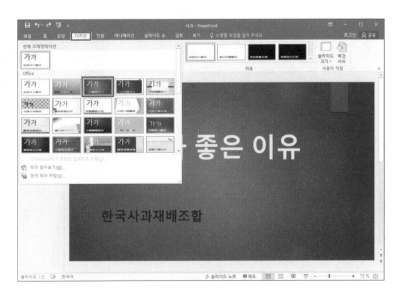

② 선택한 슬라이드에만 테마를 바꾸기 위해 2번 슬라이드를 선택한 후 [디자인] 탭-[테마] 그룹-[자세히]에서 '패싯' 위에서 마우스 오른쪽 버튼을 클릭하고 '선택한 슬라이드에 적용'을 선택해요.

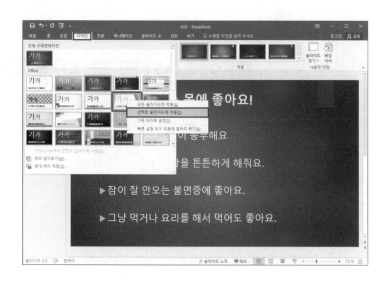

③ [디자인] 댑-[직용] 그룹-[자세히]-[색]에서 '따뜻한 파란색'을 선택해요. 배경 그림은 같지만 색이 바뀐 것을 알 수 있어요.

④ [디자인] 탭-[적용] 그룹-[자세히]-[글꼴]에서 '휴먼매직체'를 클릭하면 글자 모양이 한꺼번에 바뀌어요.

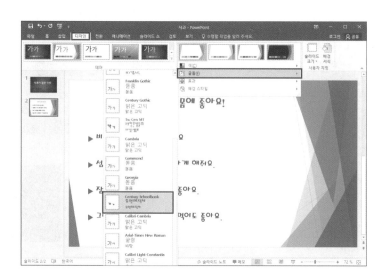

1 1번 슬라이드에는 '이온(회의실)', 2번 슬라이드에는 '갤러리' 테마를 적용해 보세요.

◉ 연습파일 : 건강주스.pptx
◎ 완성파일 : 건강주스(완성).pptx

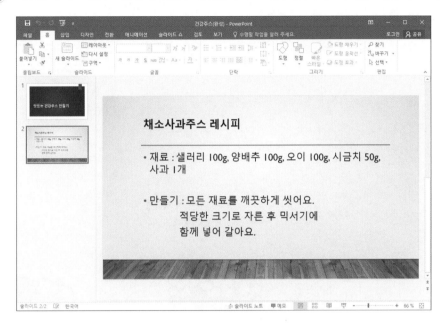

2 모든 슬라이드에 '추억' 테마, [색]은 '황록색'을 적용해 보세요.

◉ 연습파일 : 박물관.pptx
◎ 완성파일 : 박물관(완성).pptx

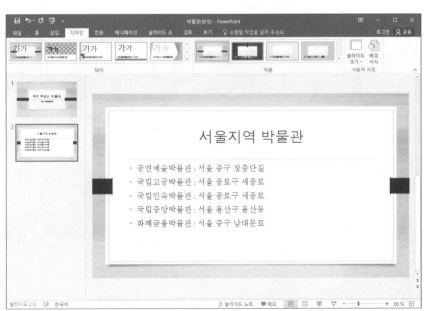

08 생명은 소중해요!

● 예쁜 꽃이나 식물도 소중한 생명을 가지고 있어요.
● 우리가 지켜줄 수 있는 작은 생명들을 알아보아요.

월	일	타수

꽃으로 예쁜 목걸이를
만들어볼까?

에피소드 1 타자연습

- 꽃은 꺾지 말고 바라볼 때 가장 예쁘다고 해요. 우리 주변에 살고 있는 작은 생명체들을 알아보고 친구들과 이야기를 나눠 보아요.
- 한컴타자연습에서 이야기를 타자로 연습해요.

⊙ 연습파일 : 작은생명.txt

	타수
담 밑에 핀 작은 꽃을 꺾어 머리에 꽂았어요.	25
귀엽고 예쁜 꽃이 마치 머리핀처럼 보여요.	49
친구들도 예쁘다고 너도나도 꽃을 꺾어 핀을 만들어요.	79
집으로 돌아갔더니 어느새 꽃이 시들어 버렸어요.	106
처음에는 예뻤던 꽃이 이젠 고개를 숙이고 말았어요.	135
다시 물을 주면 예쁜 모습을 다시 볼 수 있을까요?	164
예쁜 꽃과 더 가까이 있으려고 그랬는데,	187
아무래도 꺾인 꽃이 너무 아팠을 것 같아요.	212

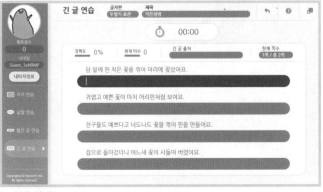

▲ 실습예제

궁금해요

이 세상의 모든 생물들은 생명이 있어요. 사람이나 동물처럼 입으로 숨을 쉬고 심장이 뛰어야만 생명이 있는 것이 아니라 식물들처럼 잎을 통해 영양분을 받아들이며 살아있기도 해요. 우리들의 생명이 소중한 것처럼 작은 생물들의 생명도 지켜줘야 해요.

② 이야기 그리기

- 우리 주변에는 우리가 지켜줘야 할 작은 생명체들이 있어요.
- 생명나무 열매에 이름을 적고 예쁘게 완성해 보세요.

⊙ 연습파일 : 생명나무.gif

작업예제

완성예제

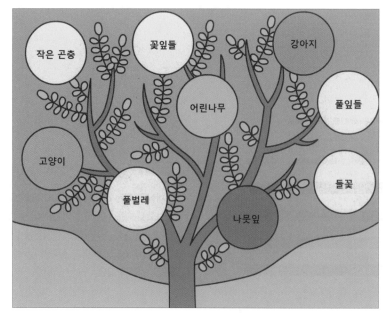

그림판에서 생명나무 그림을
불러온 후 [색 채우기] 툴로 예쁜
색을 골라 채워 보세요. 열매에
우리 주변에서 지켜줄 수 있는
생명체의 이름을 [텍스트] 툴을
이용해 적고 이야기를
나눠 보아요.

따라해보세요

③ 파워포인트로 만들어요

● 텍스트 상자를 이용하여 글자를 입력하는 방법을 알아보아요.

● 텍스트 상자에 서식을 적용하는 방법을 알아보아요.

◉ 연습파일 : 동물보호.pptx
◎ 완성파일 : 동물보호(완성).pptx

작은 꽃, 곤충, 동물들은 모두 생명을 가지고 있어요. 우리가 지켜줄 수 있는 방법에는 어떤 것이 있는지 알아보고 텍스트 상자를 이용하여 슬라이드를 꾸며 보아요.

▲ 완성파일

① '동물보호.pptx' 파일을 불러와요. 슬라이드에 글자를 입력하기 위해 [삽입] 탭-[텍스트] 그룹-[텍스트 상자]에서 '가로 텍스트 상자(가로)'를 클릭해요.

② 마우스 포인터 모양이 바뀌면 슬라이드에 글자를 입력하려는 부분을 클릭하고 '동물에게 돌을 던지면 안돼요!'를 입력해요.

③ 글상자를 선택하고 서식을 적용하기 위해 [그리기 도구]–[서식] 탭–[도형 스타일] 그룹–[자세히]에서 '보통 효과 – 녹색, 강조 6'을 선택해요.

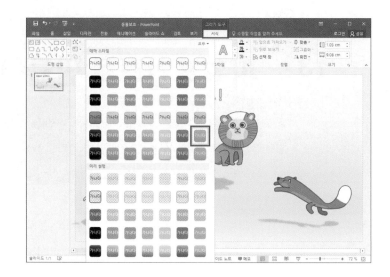

④ 서식이 적용된 글상자를 복사하기 위해 [Ctrl]을 누른 상태에서 글상자를 원하는 위치로 드래그해요.

⑤ 글상자가 복사되면 입력되어 있는 글자를 지우고 '아무 먹이나 주면 안돼요!'를 입력해요.

⑥ 나머지 부분도 같은 방법으로 글상자를 복사하고 그림과 같이 내용을 바꾼 후 도형 스타일 서식을 변경해요.

혼자서 해보기

1 글상자를 이용하여 시계에 숫자를 입력해 만들어 보세요.

⊙ 연습파일 : 시계.pptx
◎ 완성파일 : 시계(완성).pptx

2 글상자를 이용하여 동물 아래에 영어 이름을 입력해 만들어 보세요.

⊙ 연습파일 : 동물친구.pptx
◎ 완성파일 : 동물친구(완성).pptx

09 동물들도 소리로 말해요!

학습 목표
- 동물들은 어떻게 말을 하는지 알아보아요.
- 친구들이 좋아하는 동물은 어떤 소리를 내는지 알아보아요.

월	일	타수

에피소드 1 타자연습

- 동물들마다 내는 소리가 달라요. 어떤 소리를 내는지 친구들과 이야기를 나눠 보아요.
- 한컴타자연습에서 이야기를 타자로 연습해요.

⊙ 연습파일 : 동물소리.txt

	타수
귀여운 강아지가 '멍멍', 깜짝 놀란 고양이는 '야옹'	30
동물원의 물개는 '엉엉', 나무에 매달린 원숭이가 '끽끽'	63
엄마 따라 오리들은 '꽥꽥', 새벽에 우는 닭은 '꼬끼오'	96
비가 오면 개구리는 '개굴개굴', 나무 위 부엉이는 '부엉부엉'	132
외양간의 송아지는 '음매', 옆에 있는 돼지가 '꿀꿀'	163
동생이 보고 싶은 여우는 '아우', 도망가던 양이 '메에'	195
깊은 산속에서는 호랑이가 큰 소리로 '어흥'	220
어? 그럼 토끼는 뭐라고 소리를 낼까?	242

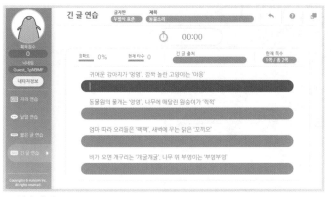

▲ 실습예제

궁금해요

사람과는 다르게 동물들은 울음소리 외에도 몸짓과 냄새로 이야기를 나눌 수 있어요. 박쥐나 고래처럼 초음파로 대화하거나 자기 영역을 표시하기 위해 으르렁거리기도 해요. 꿀벌들은 마치 춤을 추는 것처럼 움직여 동료들에게 알려주기도 해요. 동물들의 울음소리는 다양하지만 아직 사람들이 모두 이해하기는 어려워요.

2 이야기 그리기

- 넓고 넓은 아프리카에는 많은 야생 동물들이 살고 있어요.
- 멋진 말을 그림판에서 예쁜 줄무늬를 그려 얼룩말을 만들어 보세요.

⊙ **연습파일** : 얼룩말.gif

작업예제

완성예제

그림판에서 얼룩말 그림을
불러온 후 [브러시]를 이용하여
멋진 줄무늬를 그려 보세요.
검은색 줄무늬의 멋진 얼룩말을
만들어 보세요.

따라해보세요

3 파워포인트로 만들어요

- 슬라이드에 소리 파일을 삽입하는 방법을 알아보아요.
- 슬라이드 쇼를 실행하는 방법을 알아보아요.

◉ 연습파일 : 동물소리.pptx
◎ 완성파일 : 동물소리(완성).pptx

슬라이드에 삽입된 동물들의 울음소리를 연결해 보아요. 슬라이드 쇼를 실행하여 클릭하면 소리가 나오도록 만들어요.

▲ 완성파일

① 슬라이드에 소리를 삽입하기 위해 [삽입] 탭-[미디어] 그룹-[오디오]에서 [내 PC의 오디오]을 클릭해요.

② [오디오 삽입] 대화상자가 표시되면 예제 폴더에서 '송아지.mp3'를 선택하고 [삽입] 단추를 클릭해요.

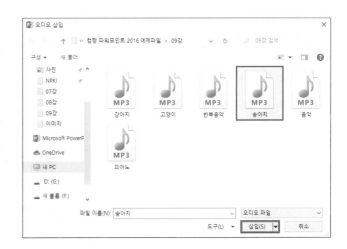

③ 슬라이드에 스피커 아이콘이 삽입되
면 드래그하여 송아지 그림 아래로 위
치를 이동해요.

④ 같은 방법으로 슬라이드의 모든 동물
그림 아래에 소리 파일을 삽입하고 아
이콘을 이동해요.

⑤ 소리 파일이 제대로 들리는지 확인하
기 위해 [슬라이드 쇼] 탭-[슬라이드
쇼 시작] 그룹-[처음부터(🖵)]를 클
릭해요.

⑥ 전체 화면에 슬라이드 쇼가 실행되면
스피커 아이콘을 클릭하여 소리가 제
대로 들리는지 확인해요.

1. 슬라이드 쇼를 시작하면 바로 재생되도록 '피아노.mp3' 파일을 삽입해 보세요.

⊙ 연습파일 : 피아노.pptx
◎ 완성파일 : 피아노(완성).pptx

2. '반복음악.mp3' 파일을 삽입하여 슬라이드에 반복되는 배경음악을 넣어 보세요.

⊙ 연습파일 : 공놀이.pptx
◎ 완성파일 : 공놀이(완성).pptx

10 달님이 작아졌어요!

월	일	타수

타자연습

- 밤하늘의 달은 항상 똑같은 모양이 아니에요. 어제 본 달은 어떤 모양이었는지 친구들과 이야기를 나눠 보아요.
- 한컴타자연습에서 이야기를 타자로 연습해요.

⊙ **연습파일** : 달.txt

	타수
어두운 밤하늘에 손톱처럼 가는 달이 떴어요.	24
내가 알고 있는 달은 둥근 모양인데 이상하네요?	51
어느 날 창문 밖을 보니 반달이 되었어요.	75
환한 낮에도 하얀 반달을 볼 수 있어요.	98
달은 무엇을 먹고 살까요? 어느새 반달이 통통해졌어요.	129
엄마 아빠 손잡고 공원에 나오니 보름달이 밝게 비춰요.	160
친구들은 동그란 달이 내 얼굴하고 닮았다고 그래요.	189
달님처럼 환하게 웃는 모습이 닮은 것이겠죠?	214

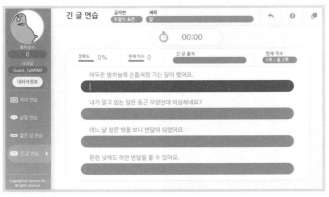

▲ 실습예제

궁금해요

달은 스스로 빛을 내지 못하고 태양의 빛을 반사시켜 빛을 내요. 지구에서 바라보는 달은 태양과의 위치에 따라 보이는 모양이 바뀌는데 초승달, 반달(상현), 보름달(망), 반달(하현), 그믐달 순으로 변화해요. 달이 태양에 가려 아무것도 보이지 않는 것을 월식이라고 합니다.

② 이야기 그리기

- 달의 모양은 매일매일 변하면서 커졌다가 작아지기를 반복해요.
- 밤하늘에 동그란 보름달을 예쁘게 그리고 색칠하여 완성해 보세요.

⊙ 연습파일 : 달.gif

작업예제

완성예제

그림판에서 달 그림을
불러온 후 [브러시]를 이용하여
달을 그리고 색을 채워 보세요.
비어 있는 밤하늘에는
예쁜 별도 그려 보세요.

따라해보세요

에피소드

③ 파워포인트로 만들어요

- 도형을 삽입하고 서식을 적용하는 방법을 알아보아요.
- 도형을 복사하고 이동하는 방법을 알아보아요.

⊙ 연습파일 : 밤하늘.pptx
◎ 완성파일 : 밤하늘(완성).pptx

별이 가득한 밤하늘에 달님이 환하게 떠 있어요! 반짝반짝 멋진 밤하늘을 도형을 이용하여 만들어 보아요.

▲ 완성파일

① '밤하늘.pptx' 파일을 불러온 후 달을 삽입하기 위해 [삽입] 탭–[일러스트레이션] 그룹–[도형]에서 '웃는 얼굴'을 선택해요.

② 마우스 포인터가 십자 모양으로 변경되면 마우스 왼쪽 버튼을 누르고 드래그하여 도형을 삽입해요. 도형을 선택하면 표시되는 조절점을 드래그하여 적당한 크기로 조절하고 그림과 같이 슬라이드 오른쪽으로 이동해요.

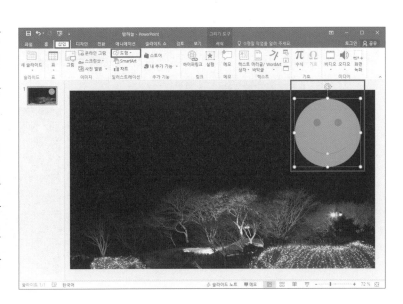

③ 도형 서식을 변경하기 위해 [그리기 도구]-[서식] 탭-[도형 스타일] 그룹-[도형 채우기(🖼)]에서 '노랑'을 선택해요.

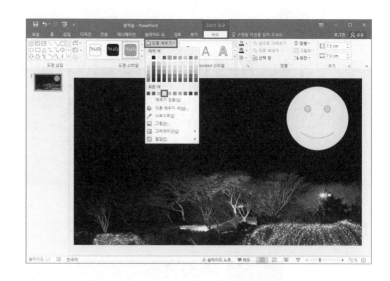

④ 별을 삽입하기 위해 [삽입] 탭-[일러스트레이션] 그룹-[도형]에서 '포인트가 5개인 별'을 선택하고 슬라이드에 드래그하여 적당한 크기로 삽입해요.

⑤ 삽입된 별을 선택하고 [그리기 도구]-[서식] 탭-[도형 스타일] 그룹-[도형 채우기(🖼)]에서 '흰색, 배경 1'을 선택해요. 다시 [도형 윤곽선(🖼)]에서 '윤곽선 없음'을 선택하면 깔끔한 모양의 별이 표시돼요.

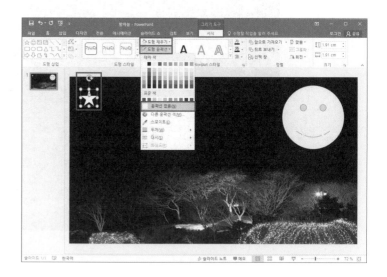

⑥ 별을 Ctrl 을 누른 상태에서 드래그하여 하늘에 가득 차도록 복사해요. 크기를 조절하여 크고 작은 별을 만들어요.

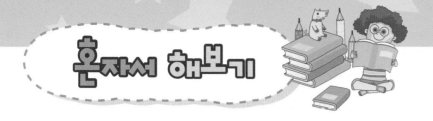

1 도형을 이용하여 그림과 같이 기차를 만들어 보세요.

◉ 연습파일 : 기차.pptx
◎ 완성파일 : 기차(완성).pptx

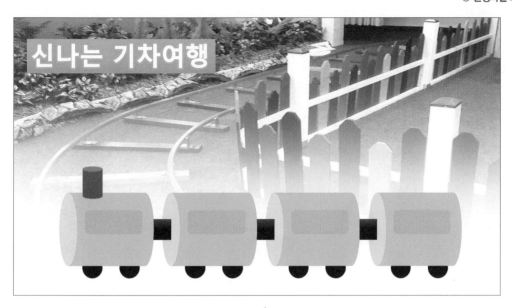

신나는 기차여행

2 도형을 이용하여 그림과 같이 얼굴을 만들어 보세요.

◉ 연습파일 : 얼굴.pptx
◎ 완성파일 : 얼굴(완성).pptx

11 달나라에는 토끼가 있을까?

학습 목표
- 보름달 안에 보이는 모양은 무엇인지 알아보아요.
- 우주와 달의 환경에 대해 알아보아요.

월	일	타수

타자연습

- 정말 달에는 토끼들이 살고 있을까요? 친구들과 이야기를 나눠 보아요.
- 한컴타자연습에서 이야기를 타자로 연습해요.

⊙ **연습파일** : 달토끼.txt

	타수
쿵덕쿵, 쿵덕쿵 방아를 찧어요.	17
달나라의 토끼들이 열심히 방아를 찧어요.	40
무엇을 만들까요? 맛있는 떡을 만드나요?	63
방아 찧다 힘들면 계수나무 아래에서 쉬어요.	88
밤하늘 밝은 보름달 속에 토끼들이 보여요.	112
우주선을 타고 달나라 여행을 가면 만날 수 있을까요?	142
깜짝 놀란 토끼들이 도망가는 것은 아니겠죠?	167
달토끼 친구들을 만나러 달나라 여행을 가고 싶어요.	196

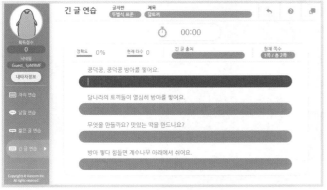

▲ 실습예제

 궁금해요

생명체가 살기 위하여 공기와 물이 꼭 필요하죠? 그런데 달에는 공기와 물이 없어서 아직 생명체가 살 수 없어요. 그래서 토끼들도 살지 못한답니다. 달 속에 방아 찧는 토끼처럼 보이는 것은 달의 구덩이인 크레이터입니다. 달에서 멀리 떨어진 지구에서 보면 마치 토끼처럼 보이지만 사실은 아니랍니다.

2 이야기 그리기

- 달나라 토끼를 만나러 우주여행을 떠나요.
- 방아를 찧는 토끼들을 색칠하고 우주복을 입고 있는 내 모습을 그려 보세요.

⊙ 연습파일 : 달토끼.gif

작업예제

완성예제

그림판에서 달토끼 그림을
불러온 후 예쁜 색을 골라 채워
보세요. [브러시]를 이용하여
우주인도 그려 보세요.

따라해보세요

3 파워포인트로 만들어요

- 그림을 삽입하는 방법을 알아보아요.
- 개체를 그룹으로 묶고 크기를 변경하는 방법을 알아보아요.

⊙ 연습파일 : 달토끼.pptx
◎ 완성파일 : 달토끼(완성).pptx

달 속에는 정말 토끼가 살고 있을까요? 예쁜 달을 그리고 토끼 그림도 함께 넣어 보아요.

▲ 완성파일

① '달토끼.pptx'를 불러온 후 그림을 삽입하기 위해 [삽입] 탭–[이미지] 그룹–[그림(🖼)]을 클릭해요.

② [그림 삽입] 대화상자가 표시되면 예제 폴더에서 '토끼.png' 파일을 선택하고 [삽입] 단추를 클릭해요.

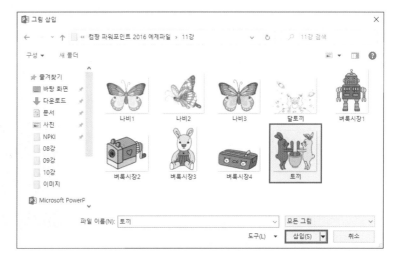

③ 선택한 토끼 그림이 슬라이드에 삽입
되면 마우스를 이용하여 그림과 같이
크기와 위치를 바꿔요.

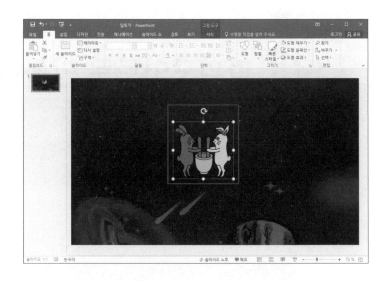

④ 달을 삽입하기 위해 [삽입] 탭-[일러
스트레이션] 그룹-[도형]에서 '타원'
을 선택하고 Shift 를 누른 상태에서
토끼 그림 위에 드래그하여 동그란 달
을 그리고 노란색 채우기로 바꿔요.

⑤ 달에 가린 토끼를 앞으로 가져오기 위
해 달 위에서 마우스 오른쪽 버튼을
클릭하고 바로 가기 메뉴에서 [맨 뒤
로 보내기]-[맨 뒤로 보내기]를 선택
해요.

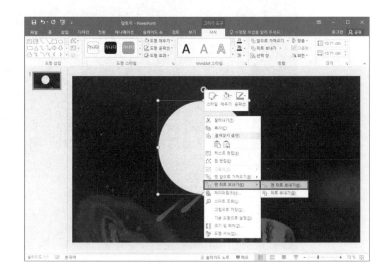

⑥ 토끼가 달 앞으로 나타나면 달과 토끼
를 모두 드래그하여 선택하고 [그림
도구]-[서식] 탭-[정렬] 그룹-[그룹]
에서 [개체 그룹화(🔳)]-[그룹]을 클
릭해요. 조절점을 드래그하여 토끼와
달의 크기를 줄이고 이동해요.

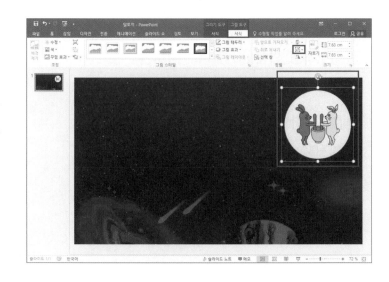

1 그림과 같이 슬라이드에 그림을 삽입하여 만들어 보세요.

● 연습파일 : 나비.pptx
◎ 완성파일 : 나비(완성).pptx

2 그림과 같이 슬라이드에 그림을 삽입하고 글상자로 내용을 입력해 보세요.

● 연습파일 : 초대장.pptx
◎ 완성파일 : 초대장(완성).pptx

⑫ 오징어 다리는 몇 개?

학습 목표
- 바다에 사는 동물의 다리가 어떤 역할을 하는지 알아보아요.
- 오징어와 문어, 낙지는 다리가 몇 개인지 알아보아요.

월	일	타수

오징어야!
너는 다리가 몇 개니?

1 타자연습

- 오징어는 어떻게 먹이를 잡을까요? 친구들과 이야기를 나눠 보아요.
- 한컴타자연습에서 이야기를 타자로 연습해요.

◉ 연습파일 : 오징어.txt

	타수
동해 바다 차가운 물속에는 오징어가 살고 있어요.	27
투명하고 날씬한 몸으로 헤엄을 쳐요.	48
기다란 두 개의 다리로 먹이를 잡아요.	70
싫어하는 친구들이 나타나면 먹물을 쭈욱 내뿜어요.	98
깊은 바닷속에는 멋진 오징어들이 뛰어놀아요.	123
말린 오징어는 내가 너무나도 좋아하는 간식이에요.	151
오징어 다리는 열 개라는데 왜 여덟 개밖에 없을까요?	181
아무래도 다리 두 개는 아빠 뱃속에 있나 봐요.	208

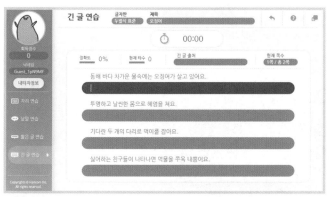

▲ 실습예제

궁금해요

다리가 열 개인 오징어는 두 개의 긴 다리로 먹이를 잡아요. '오적어'라고도 불리는데 '도적을 만나면 검은 먹물을 내뿜는다'라는 뜻이 있어요. 오징어는 몸 안 가득 바닷물을 넣은 다음 순간적으로 확 내뿜어 헤엄친답니다. 바닷속에 사는 비슷한 연체동물로 꼴뚜기, 문어, 낙지, 주꾸미가 있어요.

에피소드

2 이야기 그리기

- 구불거리는 오징어 다리는 어떻게 생겼을까요?
- 열 개의 오징어 다리를 브러시로 재미있게 그려 보세요.

◉ 연습파일 : 오징어.gif

작업예제

완성예제

그림판에서
오징어 그림을 불러온 후
[브러시]로 오징어 다리를
그려 재미있는 모습을
만들어 보세요.

따라해보세요

파워포인트로 만들어요

● 도형으로 그림을 그리는 방법을 알아보아요.

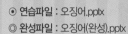
◉ 연습파일 : 오징어.pptx
◎ 완성파일 : 오징어(완성).pptx

깊은 바닷속의 오징어를 그려 보아요. 다리를 흐느적거리며 헤엄치는 모습을 도형을 이용하여 그려봐요.

▲ 완성파일

①오징어를 그리기 위해 [삽입] 탭–[일
러스트레이션] 그룹–[도형]에서 '이
등변 삼각형'을 선택하고 슬라이드
에 드래그하여 머리 모양을 그려요.

②삽입된 도형을 선택하고 [그리기
도구]–[서식] 탭–[도형 채우기]에
서 '황금색, 강조 4, 40% 더 밝게',
[도형 윤곽선]은 '윤곽선 없음'을 선
택해요. [도형 효과]–[입체 효과]에
서 '비스듬하게'를 선택해요.

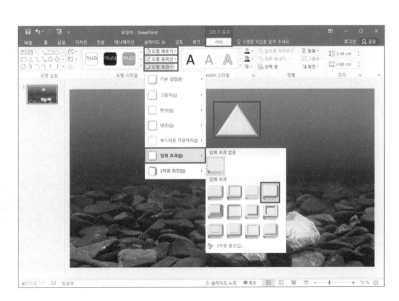

③ 같은 방법을 이용하여 '이등변 삼각형' 도형으로 몸통 부분을, '타원'으로 눈을 그림과 같이 그리고 채우기 색과 윤곽선, 입체 효과를 적용해요.

④ [삽입] 탭-[일러스트레이션] 그룹-[도형]에서 '자유 곡선'을 선택하여 오징어 다리를 구불구불하게 그려요. 도형 윤곽선의 색을 지정하고 두께를 변경하여 예쁘게 만들어요.

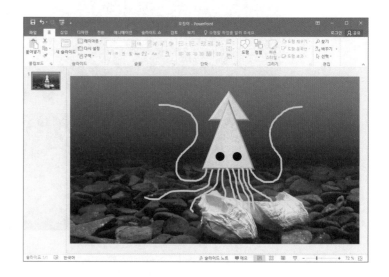

⑤ 도형 위에서 마우스 오른쪽 버튼을 클릭하여 바로 가기 메뉴에서 [맨 앞으로 가져오기], [맨 뒤로 보내기]를 이용하여 그림과 같이 되도록 만들어요.

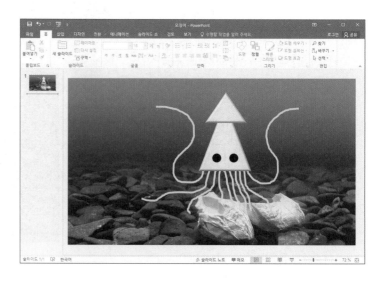

혼자서 해보기

① 그림과 같이 슬라이드에 내용을 입력해 만들어 보세요.

◉ 연습파일 : 방과후신청.pptx
◎ 완성파일 : 방과후신청(완성).pptx

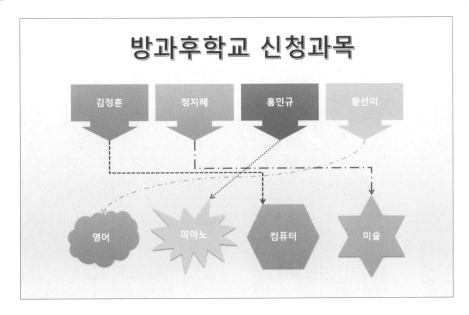

② 도형을 이용하여 그림과 같이 만들어 보세요.

◉ 연습파일 : 학습발표회.pptx
◎ 완성파일 : 학습발표회(완성).pptx

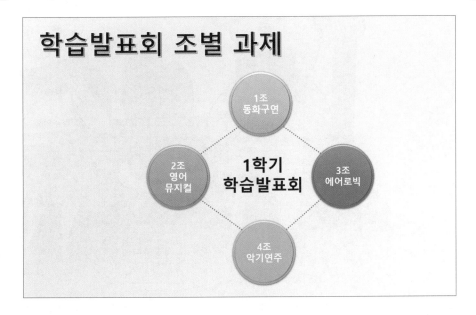

13 봄, 여름, 가을, 겨울

● 우리나라의 사계절에 대해 알아보아요.
● 친구들이 좋아하는 계절의 특징을 이야기해 보아요.

월	일	타수

여름에는 시원한
수박이 제일 맛있어!

1 타자연습

- 친구들은 어떤 계절을 제일 좋아해요? 다른 친구들과 좋아하는 계절에 대한 이야기를 나눠 보아요.
- 한컴타자연습에서 이야기를 타자로 연습해요.

⊙ 연습파일 : 사계절.txt

	타수
봄이 오면 들판에 겨울 동안 움츠렸던 새싹이 피어나요.	30
따뜻한 봄바람이 불어오면 꽃들도 춤을 추어요.	56
더운 여름이 되면 나무 위의 매미들이 노래를 해요.	85
시원한 그늘 아래에서 친구들과 수박도 나눠 먹어요.	114
나뭇잎이 하나씩 둘씩 떨어지는 가을이 지나고	139
하늘에서 하얀 눈송이가 떨어지는 겨울이 왔어요.	166
두 손 가득 눈을 뭉쳐 친구들과 신나는 눈싸움을 해요.	197
나는 봄, 여름, 가을, 겨울 모든 계절을 좋아해요.	227

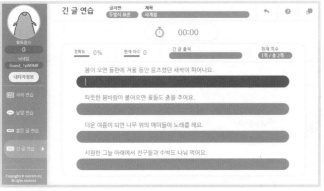

▲ 실습예제

궁금해요

우리나라는 봄, 여름, 가을, 겨울을 모두 볼 수 있어요. 지구의 중심 부분인 적도에 가까운 나라에서는 여름만 있고, 북극이나 남극처럼 추운 나라에서는 겨울만 있어요. 우리나라처럼 사계절을 모두 볼 수 있는 나라는 그리 많지 않아요.

2 이야기 그리기

- 여름에는 시원한 수박이 맛있겠죠?
- 수박 위에 줄무늬를 그리고, 잘라 놓은 수박에는 까만 수박씨도 그려 보세요.

⊙ 연습파일 : 수박.gif

작업예제

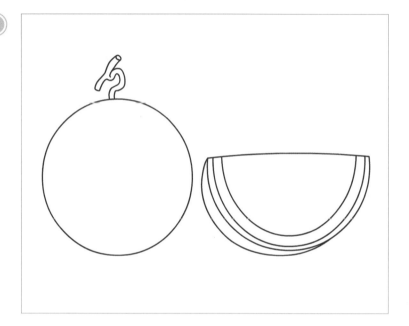

완성예제

그림판에서 수박 그림을
불러온 후 [브러시]로 수박
줄무늬를 그리고 예쁘게 색칠해
보세요. 삼각형 모양의 잘라
놓은 수박에는 예쁘게 색을
채우고 수박씨를 그려
완성하세요.

따라해보세요

3 파워포인트로 만들어요

- 스마트아트를 삽입하는 방법을 알아보아요.
- 스마트아트의 서식을 변경하는 방법을 알아보아요.

⊙ 연습파일 : 사계.pptx
◎ 완성파일 : 사계(완성).pptx

우리나라의 계절은 어떤 순서로 바뀔까요? 스마트아트를 이용하여 계절이 바뀌는 순서에 맞게 만들어
보아요.

▲ 완성파일

① '사계.pptx' 파일을 불러온 후 [삽입] 탭-[일러스트레이션] 그룹-[SmartArt(📊)]를 클릭해요.
[SmartArt 그래픽 선택] 대화상자가
표시되면 [주기형]에서 '기본 주기형'을
선택하고 [확인] 단추를 클릭해요.

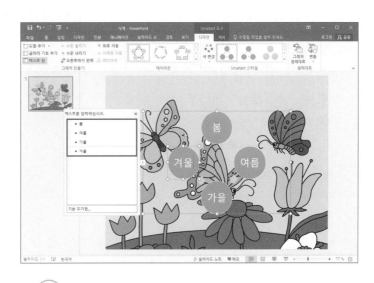

② 슬라이드에 선택한 스마트아트가 삽입
되면 왼쪽 텍스트 입력창에 '봄', '여름',
'가을', '겨울'을 순서대로 입력해요. '겨
울'을 입력하고 Delete 를 누르면 도형
이 삭제되고 4개만 남아요.

③ 스마트아트의 색을 바꾸기 위해 [SmartArt 도구]-[디자인] 탭-[SmartArt 스타일] 그룹-[색 변경]을 클릭하고 '색상형 범위-강조색'을 선택해요.

④ 스마트아트의 스타일을 바꾸기 위해 [SmartArt 도구]-[디자인] 탭-[SmartArt 스타일] 그룹-[자세히]에서 '광택 처리'를 선택해요.

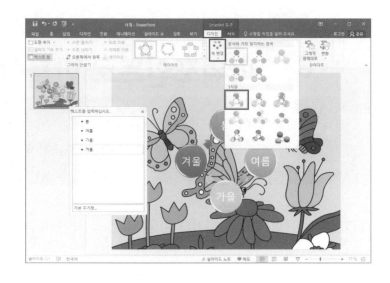

⑤ 스마트아트의 크기를 변경하기 위해 왼쪽의 텍스트 입력 창의 [닫기] 단추를 클릭해 종료해요. 스마트아트 바깥 부분의 테두리를 드래그하여 크기와 위치를 변경해요.

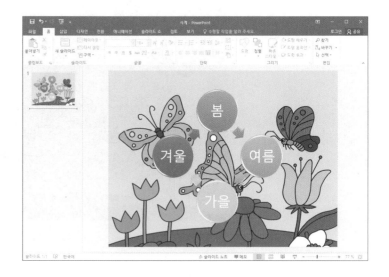

⑥ 스마트아트의 순서를 바꾸기 위해 [SmartArt 도구]-[디자인] 탭-[그래픽 만들기] 그룹에서 [오른쪽에서 왼쪽]을 클릭해요. 스마트아트 개체의 순서가 반대 방향으로 바뀌어요.

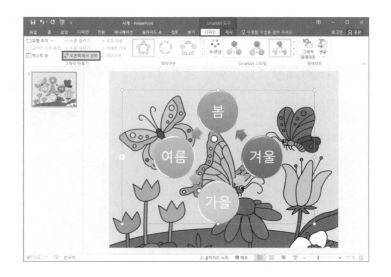

혼자서 해보기

1 아래 조건과 같이 스마트아트에 내용을 입력해 만들어 보세요.

◉ 연습파일 : 스케줄.pptx
◎ 완성파일 : 스케줄(완성).pptx

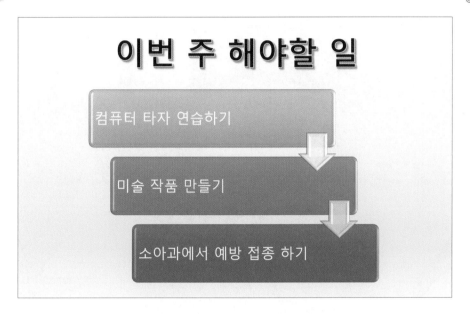

2 아래 조건과 같이 스마트아트에 내용을 입력해 만들어 보세요.

◉ 연습파일 : 내친구.pptx
◎ 완성파일 : 내친구(완성).pptx

14 하늘에서 눈이 내려요!

학습
목표
겨울에 눈이 내리는 이유를 알아보아요.
친구들과 함께 즐기는 겨울 놀이에 대해 알아보아요.

월	일	타수

신나는 눈싸움을 하고 커다란 눈사람도 만들어요!

1 타자연습

- 겨울에 눈이 오면 친구들과 여러 가지 놀이를 할 수 있어요. 친구들과 겨울 추억에 대한 이야기를 나눠 보아요.
- 한컴타자연습에서 이야기를 타자로 연습해요.

⊙ **연습파일 : 겨울눈.txt**

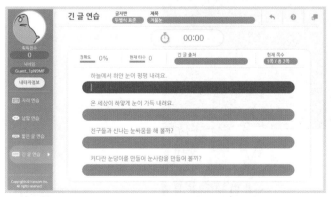

▲ 실습예제

궁금해요

겨울날 구름 속에 있는 물방울이 얼어서 내리는 것이 바로 눈이에요. 구름이 있는 상층 대기의 온도가 낮을 때는 가루눈이 내리고, 온도가 높을 때는 함박눈이 내린답니다. 눈과 관련된 민속놀이로 눈싸움과 눈사람 만들기가 있어요. 눈이 내리면 추운 겨울 집에서만 지내던 친구들과 즐거운 놀이를 할 수 있어요.

2 이야기 그리기

- 하늘에서 굵은 함박눈이 펑펑 내려요.
- 브러시 모양을 바꾸어 가면서 눈이 내리는 풍경을 완성해 보세요.

⊙ 연습파일 : 겨울눈.gif

작업예제

완성예제

그림판에서 겨울눈
그림을 불러온 후 [색 채우기]와
[브러시] 툴로 예쁜 색을 골라
채워 보세요. 크기가 다른
[브러시] 크기를 이용하면
더 멋있게 만들 수 있어요.

따라해보세요

에피소드

3 파워포인트로 만들어요

- 그림 파일로 슬라이드 배경을 만들어요.
- 도형으로 눈 내리는 풍경을 만들어요.

◉ 연습파일 : 겨울풍경.pptx
◎ 완성파일 : 겨울풍경(완성).pptx

하얗게 함박눈이 내리는 겨울 풍경을 만들어 보아요. 그림을 가져와 슬라이드 배경을 만들고 도형으로 눈을 만드는 방법을 알아보아요.

▲ 완성파일

① '겨울풍경.pptx' 파일을 불러온 후 마우스 오른쪽 버튼을 클릭하고 [배경 서식]을 클릭해요. [배경 서식] 작업 창의 [채우기]에서 '그림 또는 질감 채우기'를 선택하고 [파일] 단추를 클릭해요.

② 예제 폴더에서 '겨울배경.jpg'를 선택하고 [삽입] 단추를 클릭해요. 그림이 배경으로 적용되면 [배경 서식] 작업 창의 [닫기] 단추를 클릭해요.

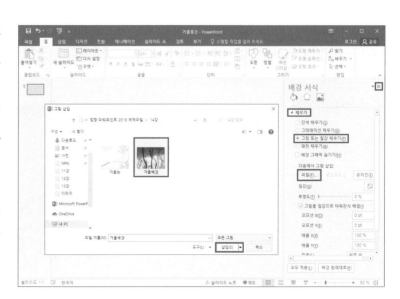

③ 눈을 삽입하기 위해 [삽입] 탭-[일러
스트레이션] 그룹-[도형]에서 '타원'
을 선택해요. 슬라이드에 드래그하여
작은 눈송이를 만들어요. Shift 를 누
른 상태에서 그리면 동그란 눈송이를
그릴 수 있어요.

④ [그리기 도구]-[서식] 탭-[도형 스타
일] 그룹의 [도형 채우기]에서 '흰색,
배경 1', [도형 윤곽선]에서 '윤곽선 없
음'을 선택해요. [도형 효과]의 [부드
러운 가장자리]에서 '10 포인트'를 설
정하면 부드러운 느낌의 눈송이를 만
들 수 있어요. 도형을 Ctrl 을 누른 상
태에서 드래그하여 눈송이를 가득 채
워요.

⑤ 눈송이들의 크기를 다르게 하기 위해
Ctrl 을 누른 상태에서 크기를 바꿀
눈송이들을 클릭하여 선택해요.

⑥ Shift 를 누른 상태에서 도형의 조절
점을 드래그하면 선택한 도형들만 크
기를 바꿀 수 있어요.

혼자서 해보기

1 그림과 같이 슬라이드에 도형을 입력해 만들어 보세요.

◉ 연습파일 : 여름풍경.pptx
◎ 완성파일 : 여름풍경(완성).pptx

2 그림과 같이 슬라이드에 도형을 입력해 만들어 보세요.

◉ 연습파일 : 우주.pptx
◎ 완성파일 : 우주(완성).pptx

15 친구들의 머릿속

학습
목표
- 친구들의 머릿속에는 어떤 생각들이 있는지 알아보아요.
- 어렸을 때 좋았었던 기억들을 친구들과 이야기 나누어요.

월	일	타수

88

1 타자연습

에피소드

- 우리 머릿속에는 어떤 재미있는 생각들이 담겨있을까요?
  친구들과 무슨 생각을 하고 있었는지 이야기를 나눠 보아요.
- 한컴타자연습에서 이야기를 타자로 연습해요.

◉ **연습파일 :** 머리속.txt

	타수
아빠가 사주신 재미있는 장난감.	17
학교에서 공부할 때 머릿속 가득 생각이 나요.	43
친구들과 함께 봤던 재미있는 만화영화.	65
잠자려고 눈 꼭 감아도 생각이 나요.	86
선생님이 알려주신 재미있는 옛날이야기.	108
길을 가다 갑자기 생각나 웃음이 나요.	130
내 머릿속에는 어떤 생각이 가득 차 있을까?	155
친구들은 어떤 생각이 가득 차 있을까?	177

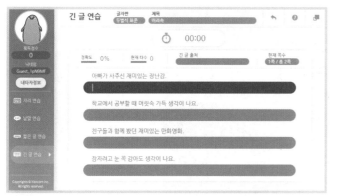

▲ 실습예제

궁금해요

사람들은 머릿속에 다양한 생각들을 기억하고 있어요. 대부분 즐거웠던 기억과 슬픈 기억이 가장 오랫동안 기억된다네요. 즐거운 마음으로 공부를 하면 기억력이 좋아질 뿐 아니라 학습 효과도 높아진다고 그래요. 밤에는 충분히 자는 것도 기억력에 도움이 되어요.

2 이야기 그리기

- 내 머릿속에는 어떤 생각이 가장 많이 있을까? 친구들의 머릿속에는 어떤 생각이 있을까?
- 그림에 색을 채우고 글자를 입력해 보세요.

⊙ **연습파일** : 머릿속.gif

작업예제

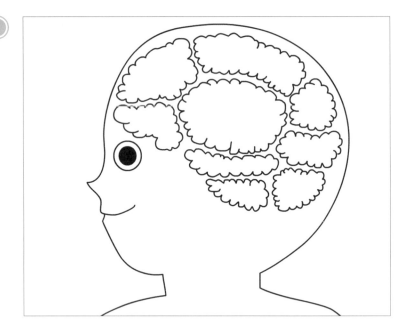

완성예제

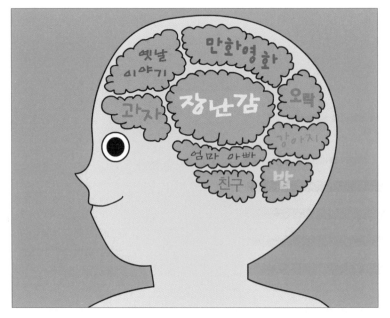

그림판에서 머릿속 그림을 불러온 후 [색 채우기] 툴로 예쁜 색을 골라 채워 보세요. [텍스트] 툴을 이용하여 각 부분에 글자를 입력해 완성해요.

따라해보세요

에피소드 3 파워포인트로 만들어요

- 설명선 도형을 삽입하고 글자를 입력하는 방법을 알아보아요.
- 워드아트로 제목 텍스트를 입력하는 방법을 알아보아요.

◉ 연습파일 : 머리속생각.pptx
◎ 완성파일 : 머리속생각(완성).pptx

우리 친구들은 지금 무슨 생각을 하고 있을까요? 설명선 도형을 삽입하고 어떤 생각을 하고 있는지 텍스트를 입력해 보아요.

▲ 완성파일

① '머리속생각.pptx' 파일을 불러온 후 [삽입] 탭-[일러스트레이션] 그룹-[도형]에서 '구름 모양 설명선'을 선택하고 슬라이드에 드래그하여 삽입해요.

② 삽입된 도형을 클릭하여 선택하고 [그리기 도구]-[서식] 탭-[도형 스타일]-[자세히]에서 '보통 효과 – 파랑, 강조 5'를 선택해요

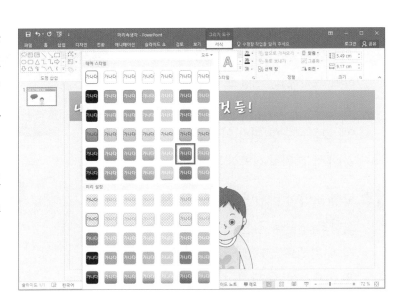

③ 도형의 노란색 조절점을 드래그하여 캐릭터 그림의 머리 윗부분까지 오도록 해요.

④ 도형 위에서 마우스 오른쪽 버튼을 클릭하고 [텍스트 편집]을 선택해요. 도형 안에 커서가 나타나면 '방학에는 어디로 놀러갈까?'라고 텍스트를 입력해요. 도형이 선택된 상태에서 [홈] 탭-[글꼴] 그룹에서 글자 크기를 조절해요.

⑤ Ctrl 을 누른 상태에서 도형을 드래그하여 복사해요. 도형 모양을 바꾸기 위해 [그리기 도구]-[서식] 탭-[도형 삽입] 그룹-[도형 편집]의 [도형 모양 변경]에서 '타원형 설명선'을 선택해요.

⑥ 도형 모양이 바뀌면 크기와 위치를 조절하고 노란색 점을 드래그하여 알맞게 배치해요. 그림과 같이 같은 방법을 이용하여 슬라이드를 완성해요.

① 그림과 같이 슬라이드에 말풍선을 이용하여 만들어 보세요.

⊙ 연습파일 : 쿠킹.pptx
◎ 완성파일 : 쿠킹(완성).pptx

② 그림과 같이 슬라이드에 말풍선을 이용하여 만들어 보세요.

⊙ 연습파일 : 세계인사.pptx
◎ 완성파일 : 세계인사(완성).pptx

16 곱슬머리 내 동생

- 우리 가족들을 친구들에게 소개해 보아요.
- 우리 가족들은 어떤 일을 하는지 이야기를 나누어요.

월	일	타수

곱슬머리 동생은
귀여운 장난꾸러기!

94

타자연습

- 우리 가족들은 어떤 생김새를 하고 있을까요? 친구들에게 가족을 소개해 보아요.
- 한컴타자연습에서 이야기를 타자로 연습해요.

⊙ 연습파일 : 곱슬머리.txt

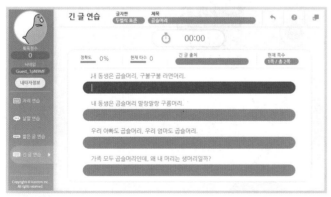

▲ 실습예제

궁금해요

곱슬머리는 유전적인 요소가 가장 커요. 엄마 아빠 중에 곱슬머리가 있으면 친구들도 곱슬머리일 확률이 높대요. 나이에 따라 곱슬거리는 정도가 다른데 더 심해지거나 약해져요. 아프리카 사람들처럼 음식이나 환경에 따라 영향을 받는 경우도 있어요.

② 이야기 그리기

- 귀여운 내 동생의 헤어스타일을 만들어 보아요.
- 꼬불꼬불한 곱슬머리를 브러시로 예쁘게 그려 봐요.

⊙ 연습파일 : 곱슬머리.gif

작업예제

완성예제

그림판에서 곱슬머리
그림을 불러온 후 [브러시]
툴로 재미있게 꾸며 보아요.
다양한 색과 굵기로 선을 그리면
더 예쁘게 꾸밀 수 있어요.

따라해보세요

에피소드 3 파워포인트로 만들어요

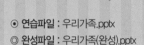

● 표를 삽입하고 내용을 입력하는 방법을 알아보아요.

◉ 연습파일 : 우리가족.pptx
◎ 완성파일 : 우리가족(완성).pptx

친구들에게 우리 가족을 소개해요. 표를 이용하여 우리 가족들의 이야기를 정리하고 예쁜 가족사진도 넣어 보아요.

우리 가족을 소개해요!

	우리 가족이 하는 일
아빠	아빠는 멋진 요리사예요. 맛있는 음식을 잘 만드세요.
엄마	엄마는 유치원 선생님이에요. 아이들을 사랑하세요.
나	말썽꾸러기지만 우리집의 분위기 메이커예요.
동생	곱슬머리 내 동생은 우리집의 마스코트예요.

▲ 완성파일

① '우리가족.pptx' 파일을 실행하고 표를 삽입하기 위해 [삽입] 탭-[표] 그룹-[표(▭)]를 클릭해요. 마우스를 움직여 소개할 가족 수에 맞는 표 크기를 선택해요. 슬라이드에서는 '2칸×5줄'의 표를 사용했어요.

② 슬라이드 삽입된 표의 위치를 조절하고 [표 도구]-[디자인] 탭-[표 스타일]-[자세히]에서 '보통 스타일 1-강조 5'를 선택해요.

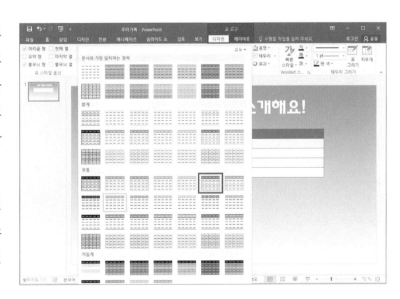

③ 표의 셀 크기를 조절하기 위해 표 가운데의 세로 줄 위에 마우스를 가져가 포인터 모양이 바뀌면 왼쪽으로 드래그해요. 또 테두리를 드래그하여 표 크기를 조절해요.

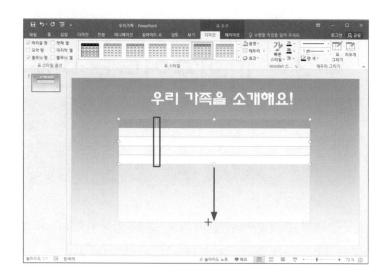

④ 표 안에 그림과 같이 내용을 입력해요. 셀을 이동할 때는 마우스를 클릭하여 선택하거나 [Tab]을 눌러요.

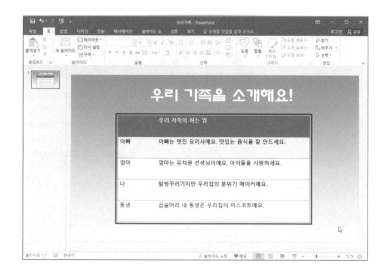

⑤ 표를 선택하고 [홈] 탭-[단락] 그룹-[텍스트 맞춤]에서 '중간'을 선택하면 글자가 셀의 세로 가운데로 예쁘게 정렬돼요.

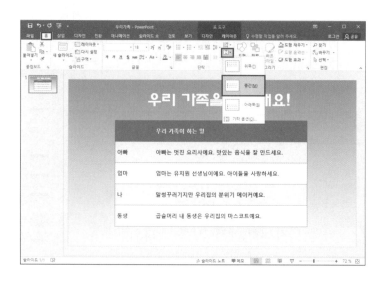

① 그림과 같이 슬라이드에 표를 입력해 만들어 보세요.

◎ 연습파일 : 발표순서.pptx
◎ 완성파일 : 발표순서(완성).pptx

나의 꿈 소개하기

발표일	10시 10분	10시 20분	10시 30분
10월 5일	2반 A조	1반 B조	3반 C조
10월 10일	3반 A조	2반 B조	4반 C조
10월 15일	4반 A조	3반 B조	5반 C조
10월 20일	5반 A조	4반 B조	6반 C조
10월 25일	6반 A조	5반 B조	2반 C조

② 그림과 같이 슬라이드에 표를 입력해 만들어 보세요.

◎ 연습파일 : 시간표.pptx
◎ 완성파일 : 시간표(완성).pptx

2학기 시간표

	월	화	수	목	금
1교시	즐생	음악	즐생	도덕	바생
2교시	한자	재량	말듣	즐생	읽기
3교시	즐생	말듣	슬생	읽기	수학
4교시	수학	읽기	바생	쓰기	즐생
5교시		수학	수학		

17 그림자가 따라와요!

학습
목표

● 그림자는 어떻게 생기는지 알아보아요.
● 손으로 만들 수 있는 재미있는 그림자 모양을 알아보아요.

월	일	타수

재미있는
그림자 놀이를 해봐!

100

에피소드
1 타자연습

● 그림자는 태양의 위치에 따라 모양이 달라져요. 친구들과 할 수 있는 재미있는 그림자 놀이를 해 보아요.

● 한컴타자연습에서 이야기를 타자로 연습해요.

◉ 연습파일 : 그림자.txt

	타수
살살 걸어도 빨리 뛰어도 따라와요.	19
그늘에 숨으면 달아났다가 밝은 곳에 가면 나타나요.	48
나를 닮긴 한 것 같은데 온통 검은 옷을 입었어요.	77
내가 움직이는 모습을 그대로 따라하고 있어요.	103
어쩌면 이렇게 똑같을까? 나하고 너무 닮았어요.	130
내 키는 그대로인데 키가 늘었다 줄었다 해요.	156
떨어지려고 해도 떨어지지 않고 계속 따라다녀요.	183
그림자가 항상 같이 있어 외롭지는 않을 것 같아요.	212

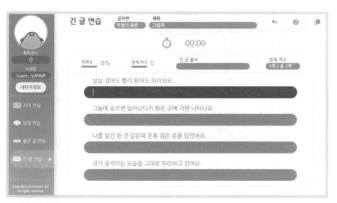

▲ 실습예제

궁금해요

햇빛에 의해 우리가 서 있는 반대쪽에 그림자가 생겨요. 어느 물체에나 그림자가 생길 수 있는데, 햇빛이 있는 위치에 따라 그림자의 크기가 짧거나 길 수 있어요. 달이 태양을 가릴 때 생기는 그림자로 만들어지는 현상을 일식이라고 합니다.

2 이야기 그리기

- 그림 속 친구들의 그림자는 어떻게 생겼을까요?
- 그림을 잘 보고 어울리는 그림자를 만들어 보세요.

◉ 연습파일 : 그림자.gif

작업예제

완성예제

그림판에서
그림자 그림을 불러온 후
[브러시]를 이용하여 그림
크기에 맞는 그림자를
만들어 보세요.

따라해보세요

파워포인트로 만들어요

- 애니메이션 기능을 사용하는 방법을 알아보아요.
- 애니메이션 방향과 순서를 바꾸는 방법을 알아보아요.

◉ 연습파일 : 강아지.pptx
◎ 완성파일 : 강아지(완성).pptx

귀여운 강아지가 신나게 뛰어가고 있어요. 그런데 그림자가 안 따라가고 뭐할까요? 애니메이션 기능으로 강아지를 따라다니는 그림자를 만들어 보아요.

▲ 완성파일

① '강아지.pptx' 파일을 실행하고 강아지를 선택한 후 [애니메이션] 탭-[애니메이션] 그룹에서 [자세히]를 클릭해요. 애니메이션 효과 목록이 표시되면 [이동 경로]에서 '선'을 선택해요.

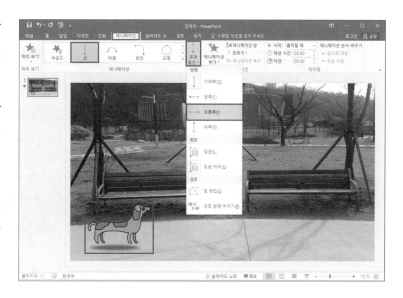

② 강아지가 화면 아래로 이동하는 것을 미리 볼 수 있어요. 오른쪽으로 이동시키기 위해 [애니메이션] 탭-[애니메이션] 그룹-[효과 옵션]에서 '오른쪽'을 선택해요.

③ 강아지가 오른쪽으로 움직이는 것을 미리 보여 줘요. 빨간색 화살표를 클릭하여 점이 표시되면 오른쪽으로 더 드래그하여 조절해요.

④ 그림자도 같은 방법으로 오른쪽 방향으로 움직이도록 애니메이션을 적용해요.

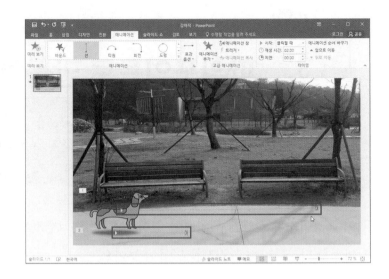

⑤ 그림자에 애니메이션이 적용되면 빨간색 화살표를 클릭하여 표시된 점을 오른쪽으로 더 드래그하여 조절해요.

⑥ [애니메이션] 탭의 [미리 보기] 그룹에서 [미리 보기]를 클릭하여 애니메이션을 확인해요. 강아지와 그림자를 함께 움직이게 만들기 위해 Ctrl 을 이용하여 모두 선택한 후 [애니메이션] 탭-[타이밍] 그룹-[시작]에서 '이전 효과와 함께'를 선택해요.

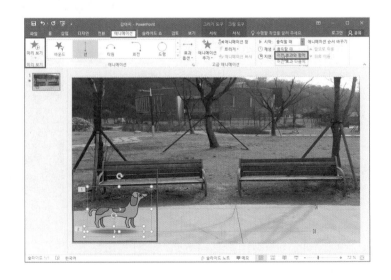

① 그림과 같이 인공위성이 왼쪽으로 천천히 움직이는 애니메이션 슬라이드를 만들어 보세요.

⊙ 연습파일 : 인공위성.pptx
◎ 완성파일 : 인공위성(완성).pptx

② 그림과 같이 순서대로 눈이 내리는 애니메이션 슬라이드를 만들어 보세요.

⊙ 연습파일 : 내리는눈.pptx
◎ 완성파일 : 내리는눈(완성).pptx

18 앵무새는 따라쟁이!

**학습
목표**
● 앵무새가 어떻게 사람의 말을 따라 하는지 알아보아요.
● 앵무새가 생긴다면 어떤 말을 가르치고 싶은지 이야기 나누어요.

월	일	타수

따라쟁이 앵무새는 재미있는 내 친구!

에미소드

① 타자연습

- 집에서 키우고 있는 애완동물에 대해 친구들과 이야기해 보아요.
- 한컴타자연습에서 이야기를 타자로 연습해요.

⊙ 연습파일 : 앵무새.txt

	타수
아침마다 앵무새가 인사해요. '헬로! 헬로!'	25
처음 보는 사람에게도 말을 해요. '안녕하세요?'	53
배고프면 시끄럽게 말해요. '밥! 밥!'	76
기분 좋으면 신나게 말해요. '룰루랄라!'	100
나를 보면 크게 말해요. '친구야! 안녕?'	125
고양이를 보면 놀라서 말해요. '저리 가! 저리 가!'	156
학교에서 돌아오면 항상 반갑게 맞아줘요.	179
내가 하는 말을 따라 하는 앵무새가 좋아요.	204

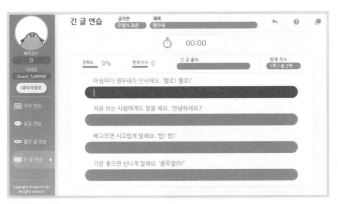

▲ 실습예제

궁금해요

더운 열대지방에 사는 앵무새는 깃털의 색이 곱고 아름다워서 세계 많은 나라에서 길들여지고 있어요. 머리가 좋아 계산을 잘하고 물건도 잘 찾아 서커스나 마술 쇼에도 많이 출연해요. 앵무새의 혀는 사람의 혀와 비슷하여 사람들이 하는 말을 잘 따라 할 수 있어요.

2 이야기 그리기

- 화려한 깃털을 가지고 사람처럼 말하는 앵무새는 정말 똑똑한 동물이에요.
- 다양한 색으로 알록달록 색칠하고, 앵무새가 따라 했으면 하는 말도 적어 봐요.

⊙ 연습파일 : 앵무새.gif

작업예제

완성예제

친구야! 안녕?

그림판에서 앵무새 그림을
불러온 후 [색 채우기] 툴로
예쁜 새을 골라 깃털을 채워 보세요.
[텍스트]를 이용하여 앵무새에게
가르치고 싶은 단어를 구름 속에
적어 보세요.

따라해보세요

3 파워포인트로 만들어요

● 애니메이션 기능을 사용하는 방법을 알아보아요.
● 애니메이션 방향과 순서를 바꾸는 방법을 알아보아요.

◉ 연습파일 : 앵무새.pptx
◎ 완성파일 : 앵무새(완성).pptx

숲속 나무에 작은 앵무새가 앉아있어요. 앵무새가 멋지게 날아가는 애니메이션을 만들어 보세요.

▲ 완성파일

① '앵무새.pptx'를 실행하고 앵무새를 선택한 후 [애니메이션] 탭-[애니메이션] 그룹의 [자세히]를 클릭해요. 표시되는 애니메이션 목록의 [강조]에서 '크게/작게'를 선택해요.

② 작은 앵무새가 점점 커지는 것을 미리 보기로 확인할 수 있어요. [애니메이션] 탭-[애니메이션] 그룹-[효과 옵션]에서 '크게'나 '작게'를 선택할 수 있어요.

③ 다시 앵무새를 선택하고 [애니메이션] 탭-[애니메이션] 그룹의 [자세히]를 클릭해요. 표시되는 애니메이션 목록의 [이동 경로]에서 '사용자 지정 경로'를 선택해요.

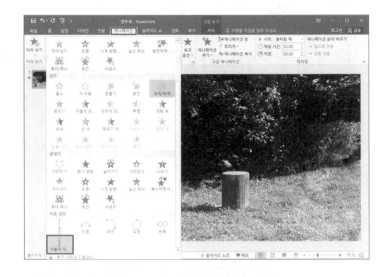

④ 마우스 포인터가 십자 모양으로 바뀌면 앵무새 위를 클릭한 후 슬라이드의 다른 부분을 계속 드래그하여 선을 그려요. 마지막 부분은 더블 클릭하여 종료해요.

⑤ [애니메이션] 탭-[미리 보기] 그룹의 [미리 보기]를 클릭하면 앵무새가 숲을 여기저기 날아다니는 애니메이션을 확인할 수 있어요.

혼자서 해보기

1 아래 조건에 맞게 애니메이션 슬라이드를 만들어 보세요.

⊙ 연습파일 : 악동.pptx
◎ 완성파일 : 악동(완성).pptx

조건

- 첫 번째 캐릭터 : 흔들기
- 두 번째 캐릭터 : 반복
- 세 번째 캐릭터 : 회전

2 아래 조건에 맞게 애니메이션 슬라이드를 만들어 보세요.

⊙ 연습파일 : 우주.pptx
◎ 완성파일 : 우주(완성).pptx

조건

- 우주인 : 사용자 지정 경로
- 우주선 : 사용자 지정 경로

19 깊은 바다에 사는 물고기

학습 목표
- 바닷속에 사는 물고기들에 대해 알아보아요.
- 친구들이 좋아하는 물고기들의 특징을 이야기 나누어 보아요.

월	일	타수

은빛 찬란한 갈치는 바다 멋쟁이!

에피소드 1 타자연습

● 바닷속의 물고기들은 어떻게 생겼는지 친구들과 이야기를 나누어 보아요.

● 한컴타자연습에서 이야기를 타자로 연습해요.

⊙ 연습파일 : 물고기.txt

	타수
바닷속에는 내가 좋아하는 동물들이 많이 살아요.	26
파도 위를 날아다니는 날치.	42
화가 나면 배가 커지는 복어.	59
은빛으로 햇빛에 반짝이는 멋쟁이 갈치.	81
날개처럼 펄럭펄럭 헤엄치는 가오리.	101
부지런히 고향 찾아 돌아가는 연어.	121
분수처럼 등에서 물을 뿜는 커다란 고래.	144
등이 굽은 새우는 언제쯤 허리를 펼 수 있을까?	171

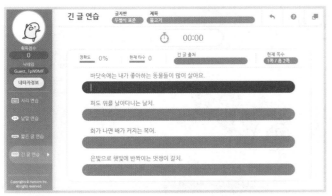

▲ 실습예제

 궁금해요

바다와 같이 물속에서 사는 물고기는 전 세계에 약 2만 종이 살고 있어요. 3면이 바다인 우리나라에는 물고기가 살기 좋은 환경으로 약 870종이 산대요. 물고기들은 아가미로 숨을 쉬며 한 번에 수많은 알을 낳는다고 해요. 바다 환경을 건강하고 맑게 보존해야 더 많은 물고기들을 만날 수 있어요.

2 이야기 그리기

- 바닷속에는 우리가 좋아하는 물고기 친구들이 많아요.
- 예쁘게 색을 칠하고 비어 있는 공간에 물고기의 이름을 적어 보세요.

⊙ 연습파일 : 물고기.gif

작업예제

완성예제

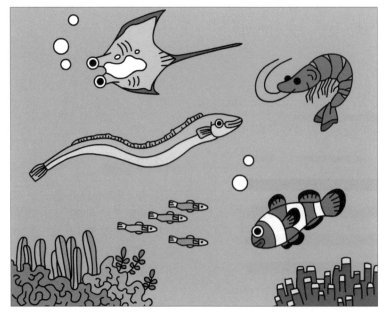

그림판에서 물고기 그림을
불러온 후 [색 채우기] 툴로
예쁜 색을 골라 채워 보세요.
[텍스트] 툴을 이용해
어떤 물고기인지
이름도 적어 보세요.

따라해보세요

3 파워포인트로 만들어요

- 애니메이션 기능을 사용하는 방법을 알아보아요.
- 애니메이션을 복사하는 방법을 알아보아요.

◉ 연습파일 : 물고기.pptx
◎ 완성파일 : 물고기(완성).pptx

작은 새우들을 잡아먹으려고 물고기가 따라와요! 새우들이 이리저리 도망가는 애니메이션을 만들어
보아요.

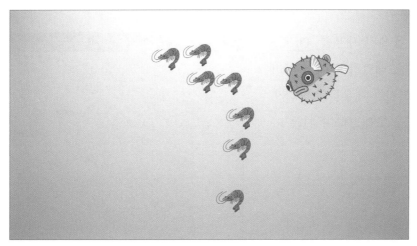

▲ 완성파일

① 물고기를 선택하고 [애니메이션]
탭-[애니메이션] 그룹-[자세히]를
클릭하여 표시되는 애니메이션 목
록에서 [이동 경로]의 '사용자 지정
경로'를 선택해요.

② 마우스 포인터 모양이 바뀌면 물고
기가 있는 위치부터 원하는 방향으
로 드래그하여 이동 경로를 만들어
요.

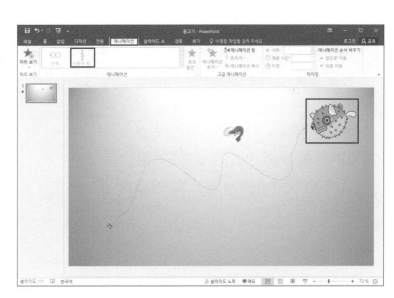

③ 새우를 선택하고 [애니메이션] 탭-[애니메이션] 그룹-[자세히]를 클릭하여 표시되는 애니메이션 목록에서 [이동 경로]의 '선'을 선택해요. [효과 옵션]에서 '왼쪽'을 선택해 방향을 바꿔요.

④ 빨간색 화살표를 클릭하고 조절점을 슬라이드 왼쪽 아래 방향으로 드래그하여 바꿔요.

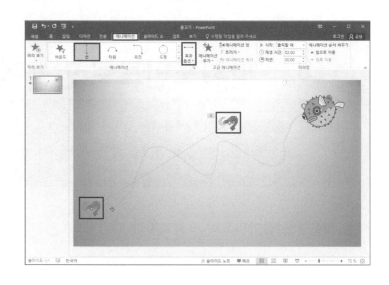

⑤ 애니메이션이 적용된 새우를 Ctrl 을 누른 상태에서 드래그하여 여러 마리로 복사해요. 복사한 새우들의 빨간색 화살표 조절점을 드래그하여 왼쪽 아래로 향하도록 해요.

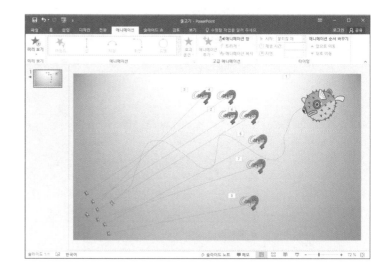

⑥ 슬라이드에 삽입된 물고기들과 새우들을 Shift 를 누른 상태에서 모두 선택하고 [애니메이션] 탭-[타이밍] 그룹-[시작]에서 '이전 효과와 함께'를 선택해요. [미리 보기]를 클릭하면 함께 움직이는 애니메이션을 볼 수 있어요.

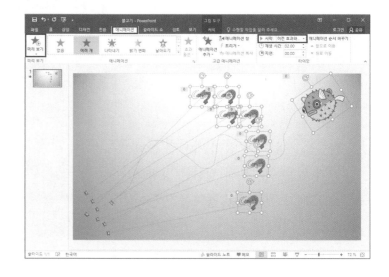

혼자서 해보기

① 참새가 자유롭게 날아가는 애니메이션 슬라이드를 만들어 보세요.

⊙ 연습파일 : 참새.pptx
◎ 완성파일 : 참새(완성).pptx

② 물고기들이 움직이는 애니메이션 슬라이드를 만들어 보세요.

⊙ 연습파일 : 바다물고기.pptx
◎ 완성파일 : 바다물고기(완성).pptx

㉇ 책상을 정리해요.

- 친구들의 책상에는 어떤 물건들이 있는지 이야기를 나누어요.
- 책상을 깔끔하게 정리하는 나만의 방법을 이야기해요.

월	일	타수

책상을 정리하면
기분이 좋아져요!

에피소드

1 타자연습

- 우리가 공부할 때 필요한 물건들을 어떻게 정리해야 하는지 친구들과 이야기를 나누어 보아요.
- 한컴타자연습에서 이야기를 타자로 연습해요.

⊙ 연습파일 : 책상.txt

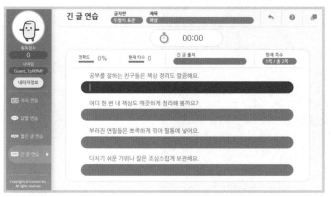

▲ 실습예제

궁금해요

공부하는 학생들이 가장 많은 시간을 보내는 곳이 책상이에요. 책상을 깔끔하게 정리하면 공부할 때 집중이 더 잘된대요. 책은 키가 맞게 정리하고 연필통에는 볼펜, 연필, 색연필 등 같은 종류끼리 정리해요. 크레파스, 색종이처럼 자주 사용하지 않는 것은 서랍에 정리하면 좋아요. 평소에 자주 사용하는 물건만 책상 위에 놓아요.

2 이야기 그리기

- 깨끗하게 정리된 책상에 무엇이 있나 살펴볼까요?
- 예쁘게 색칠하여 완성해 보세요.

⊙ 연습파일 : 책상.gif

작업예제

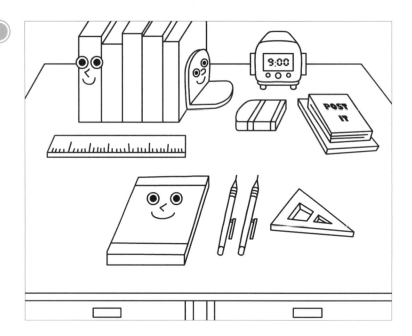

완성예제

그림판에서 책상 그림을
불러온 후 [색 채우기] 툴로
예쁜 색을 골라 채워
완성해요.

따라해보세요

3 파워포인트로 만들어요

- 애니메이션 기능을 사용하는 방법을 알아보아요.
- 이동 경로를 이용하여 글씨를 쓰는 애니메이션을 만들어 보아요.

⊙ 연습파일 : 편지쓰기.pptx
◎ 완성파일 : 편지쓰기(완성).pptx

친구들에게 예쁜 편지를 써 보아요. 입력된 글자를 쓰는 것처럼 연필이 움직이는 애니메이션을 만들어 보아요.

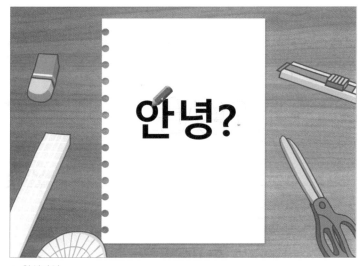

▲ 완성파일

① '편지쓰기.pptx' 파일을 불러온 후 [삽입] 탭-[텍스트] 그룹-[텍스트 상자]에서 '가로 텍스트 상자(가로)'를 선택해요.

② 마우스 포인터 모양이 바뀌면 슬라이드를 클릭하고 '안녕?'이라고 입력해요.

③ 글상자를 선택하고 [홈] 탭-[글꼴] 그룹에서 '맑은고딕', '88pt', '굵게'로 글자 모양을 바꿔요.

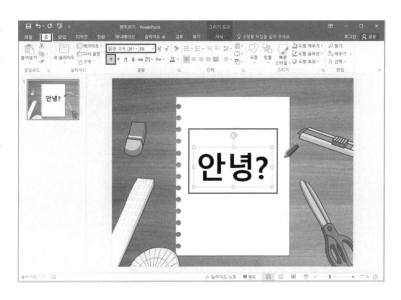

④ 오른쪽에 있는 연필을 글자가 시작하는 부분 위로 이동해요. 연필 위에서 마우스 오른쪽 버튼을 클릭하고 바로 가기 메뉴에서 [맨 앞으로 가져오기]–[맨 앞으로 가져오기]를 선택해요.

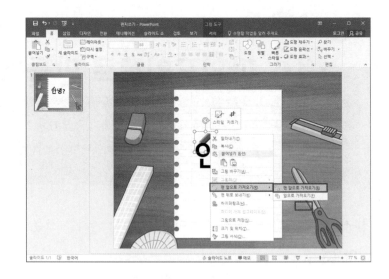

⑤ [애니메이션] 탭–[애니메이션] 그룹–[자세히]를 클릭하여 표시되는 애니메이션 목록에서 [이동 경로]의 '사용자 지정 경로'를 선택해요.

⑥ 마우스 포인터 모양이 바뀌면 손으로 글자를 쓰는 것처럼 글자 위를 드래그해요. [미리 보기]를 클릭하면 글자를 따라 연필이 움직여요.

혼자서 해보기

① 그림과 같이 지우개로 칠판 글씨를 지우는 애니메이션 슬라이드를 만들어 보세요.

⊙ 연습파일 : 칠판지우기.pptx
◎ 완성파일 : 칠판지우기(완성).pptx

② 나비가 자유롭게 날아다니는 애니메이션 슬라이드를 만들어 보세요.

⊙ 연습파일 : 나비.pptx
◎ 완성파일 : 나비(완성).pptx

21 해야 할 것과 하면 안 되는 것

학습
목표
● 우리 주변에서 지켜야 할 약속들을 찾아보아요.
● 오늘 친구들이 잘 지킨 약속들을 이야기해 보아요.

1 타자연습

- 우리가 생활할 때 지켜야 할 것들은 무엇이 있는지 친구들과 이야기를 나누어 보아요.
- 한컴타자연습에서 이야기를 타자로 연습해요.

⊙ 연습파일 : 바른생활.txt

	타수
녹색 신호등이 깜빡이면 건너면 안 돼요.	22
횡단보도를 건널 때는 뛰지 말고 걸어요.	45
먹기 싫다고 완두콩, 당근을 골라내면 안 돼요.	72
하나하나 꼭꼭 먹어야 튼튼해져요.	91
친구들이 싫어하는 별명을 부르면 안 돼요.	115
내 친구의 예쁜 이름, 멋진 이름을 불러줘요.	141
학교 가기 싫다고 공부하기 싫다고 찡그리면 안 돼요.	171
예쁜 미소 한가득 방긋 웃어야 친구들이 좋아해요.	199

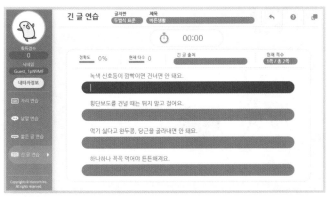

▲ 실습예제

우리가 사는 세상에는 서로 지켜야 할 규칙들이 있어요. 법으로 정해 지켜야 하는 것도 있지만 건강과 안전을 위해 지켜야 하는 것들도 있어요. 올바른 생활 습관을 가져야 우리가 꿈꾸는 멋진 어른으로 성장할 수 있어요. 오늘부터 친구들도 바른생활 어린이가 되어 보아요.

2 이야기 그리기

- 다음 그림 중에서 올바른 행동을 하지 않는 친구는 누구일까요?
- 색을 칠하고 올바르지 않은 친구를 찾아 동그라미를 그려 보세요.

⊙ 연습파일 : 바른생활.gif

작업예제

완성예제

그림판에서 바른생활
그림을 불러온 후 [색 채우기]
툴로 예쁜 색을 골라 채워 보세요.
[브러시]로 올바르지 않은
친구를 빨간 동그라미로
그려 보세요.

따라해보세요

3 파워포인트로 만들어요

- 다양한 애니메이션을 사용하는 방법을 알아보아요.
- 슬라이드 쇼에서 애니메이션을 사용하는 방법을 알아보아요.

◎ 연습파일 : 생활안전.pptx
◎ 완성파일 : 생활안전(완성).pptx

우리가 생활 속에서 지켜야 할 규칙들은 어떤 것이 있을까요? 입력한 내용을 슬라이드 쇼에서 실행해 보아요.

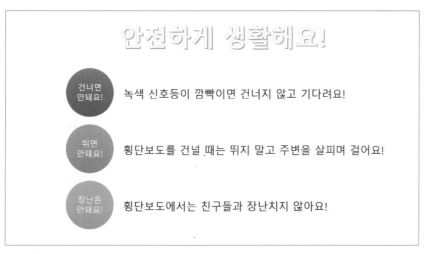

▲ 완성파일

① '생활안전.pptx' 파일을 실행하고 '타원' 도형을 삽입한 후 [그리기 도구]-[서식] 탭-[도형 스타일] 그룹-[자세히]에서 '보통 효과-파랑, 강조 5'를 선택해요.

② 도형 위에서 마우스 오른쪽 버튼을 클릭하고 [텍스트 편집]을 선택해요. 커서가 나타나면 '건너면 안돼요!'를 입력해요. 글자가 너무 크면 [홈] 탭-[글꼴] 그룹에서 글자 크기를 줄여요.

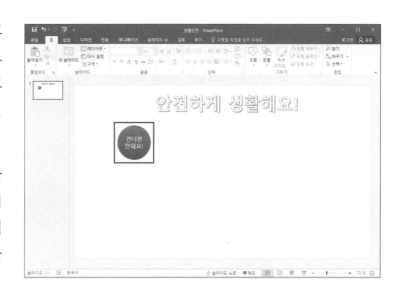

③ [삽입] 탭-[텍스트] 그룹-[텍스트 상
자]에서 '가로 텍스트 상자(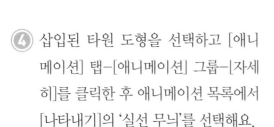)'를 선
택해요. 타원 도형 옆을 클릭하여 '녹
색 신호등이 깜빡이면 건너지 않고 기
다려요!'를 입력해요. [홈] 탭-[글꼴]
그룹에서 글자 크기를 조절해요.

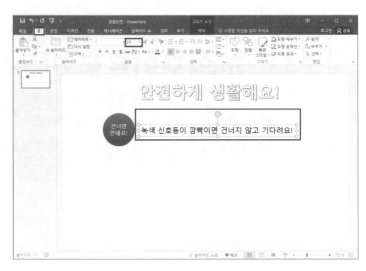

④ 삽입된 타원 도형을 선택하고 [애니
메이션] 탭-[애니메이션] 그룹-[자세
히]를 클릭한 후 애니메이션 목록에서
[나타내기]의 '실선 무늬'를 선택해요.

⑤ 입력된 텍스트를 선택하고 [애니메이
션] 탭-[애니메이션] 그룹-[자세히]
를 클릭한 후 [추가 나타내기 효과]를
클릭해요. [나타내기 효과 변경] 대화
상자의 [화려한 효과]에서 '휘리릭'을
선택하고 [확인] 단추를 클릭해요.

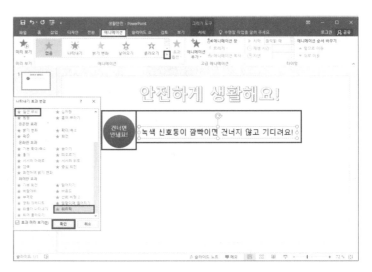

⑥ 타원 도형과 텍스트를 모두 선택하
고 Ctrl 을 누른 상태에서 아래로 드
래그하여 복사해요. 그림과 같이 복
사한 도형들의 텍스트 내용과 디자인
서식을 바꿔 완성해요. [슬라이드 쇼]
탭-[슬라이드 쇼 시작] 그룹-[처음부
터]를 클릭하고 마우스를 클릭하여 도
형이 하나씩 나타나는 것을 확인해요.

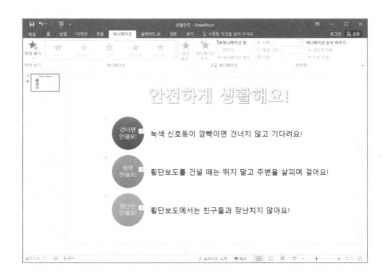

① 도형과 텍스트를 이용하여 왼쪽부터 하나씩 표시되는 애니메이션 슬라이드를 만들어 보세요.

◉ 연습파일 : 선물.pptx
◎ 완성파일 : 선물(완성).pptx

② 도형과 텍스트를 이용하여 숫자에 맞게 하나씩 표시되는 애니메이션 슬라이드를 만들어 보세요.

◉ 연습파일 : 영어숫자.pptx
◎ 완성파일 : 영어숫자(완성).pptx

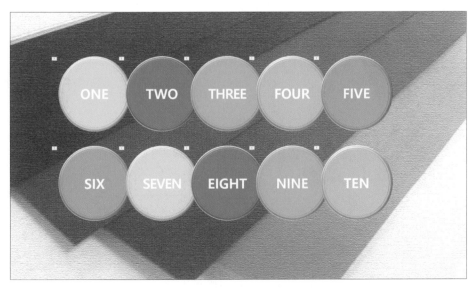

월	일	타수

얼른 키가 쑥쑥 자랐으면 좋겠어!

1 타자연습

- 어른이 되면 우리 몸에 어떤 변화가 있을지 친구들과 이야기를 나누어 보아요.
- 한컴타자연습에서 이야기를 타자로 연습해요.

⊙ 연습파일 : 키쑥쑥.txt

	타수
작은 새싹이 쑥쑥쑥! 얼른얼른 자라라.	21
나뭇잎이 쏙쏙쏙! 푸른 잎사귀가 나무에 한가득.	48
예쁜 꽃이 송송송! 들판 가득 꽃이 피었어요.	74
포도알이 송알송알! 맛있는 포도가 달렸어요.	99
아기 참새가 짹짹짹! 하늘을 신나게 날아요.	124
새끼 오리들이 종종종! 엄마 따라 들판을 걸어가요.	153
나도 키도 쑥쑥쑥! 얼른 컸으면 좋겠어요.	177
엄마 아빠처럼 멋진 어른이 되고 싶어요.	200

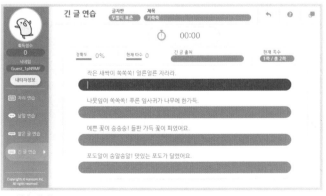

▲ 실습예제

모든 생물은 어렸을 때가 있어요. 어른이 되기까지 키도 몸집도 커지는 것을 '성장'이라고 해요. 성장은 몸이 변화하는 것도 있지만 친구들의 생각과 능력, 태도도 어른이 되면서 함께 성장해요. 올바르게 성장하기 위해 부모님과 선생님의 말씀을 잘 듣고 친구들과 사이좋게 지내야 해요.

2 이야기 그리기

- 큰일 났어요! 키가 쑥쑥 크긴 했는데, 내가 생각했던 모습이 아니에요.
- 내 몸이 어떻게 된 것인지 재미있게 그려 보세요.

⊙ 연습파일 : 키쑥쑥.gif

작업예제

완성예제

그림판에서 키쑥쑥
그림을 불러온 후 [브러시]로
여러분이 생각하는 몸을
그려 보세요. 다 그려지면
색을 칠해 완성하세요.

따라해보세요

에피소드 3

파워포인트로 만들어요

- 다양한 애니메이션을 사용하는 방법을 알아보아요.
- 슬라이드 쇼에서 애니메이션을 사용하는 방법을 알아보아요.

⊙ 연습파일 : 꽃나무.pptx
◎ 완성파일 : 꽃나무(완성).pptx

나무에 꽃을 가득 피워 보아요. 애니메이션을 이용하여 순서대로 하나씩 피어나도록 만들어요.

▲ 완성파일

① '꽃나무.pptx' 파일을 실행해요. 나무에 표시된 꽃을 선택하고 조절점을 드래그하여 나무에 어울리는 크기로 만든 후 드래그하여 적당한 위치로 이동해요.

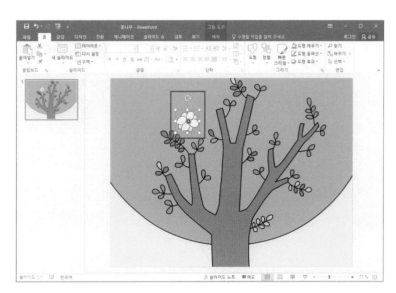

② [애니메이션] 탭-[애니메이션] 그룹의 [자세히]를 클릭하여 애니메이션 목록이 표시되면 [나타내기]에서 '올라오기'를 선택해요.

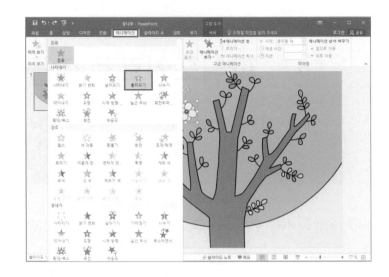

③ 애니메이션이 적용된 꽃을 Ctrl 을 누른 상태에서 드래그하여 복사해요. 나무에 가득 차도록 꽃을 복사해요.

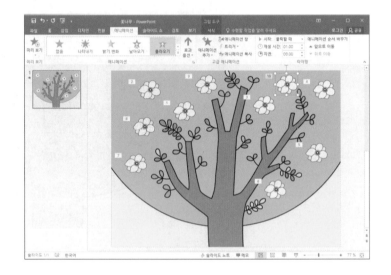

④ 복사한 모든 꽃을 선택하고 [애니메이션] 탭-[타이밍] 그룹-[시작]에서 '이전 효과 다음에'를 선택해요.

⑤ [미리 보기]를 클릭하면 나무에 꽃이 하나씩 피어나는 애니메이션을 볼 수 있어요.

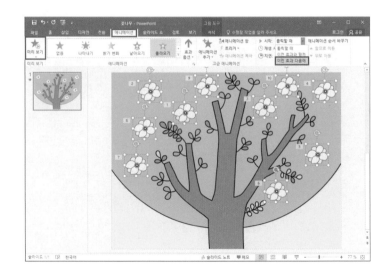

혼자서 해보기

1 그림에 어울리는 애니메이션을 적용한 슬라이드를 만들어 보세요.

⊙ 연습파일 : 물고기.pptx
◎ 완성파일 : 물고기(완성).pptx

2 연두색 옥수수 위를 따라가는 애니메이션을 적용한 슬라이드를 만들어 보세요.

⊙ 연습파일 : 옥수수.pptx
◎ 완성파일 : 옥수수(완성).pptx

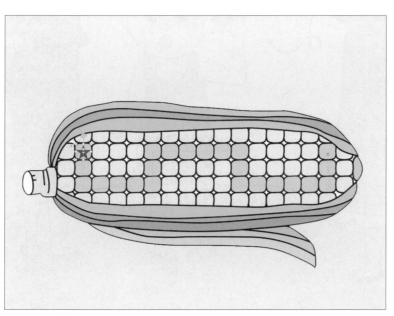

㉓ 나는 어떻게 태어났을까?

월	일	타수

에피소드 1 타자연습

- 예쁜 동생이 태어나면 어떻게 해주고 싶은지 친구들과 이야기를 나누어 보아요.
- 한컴타자연습에서 이야기를 타자로 연습해요.

⊙ **연습파일 :** 엄마뱃속.txt

	타수
수박처럼 둥그런 이모 배를 똑똑 두드려요.	23
뱃속에 누가 있을까? 너무너무 궁금해요.	46
"너도 엄마 뱃속에 열 달이나 있었단다"	69
에이 말도 안 돼요. 나는 이렇게 큰데 어떻게 들어가요?	101
"사람들은 누구나 엄마 뱃속에 있다가 태어난단다"	129
지금은 날씬한 엄마 뱃속에 나도 있었을까요?	154
이모도 뱃속의 아기가 나오면 다시 날씬해지겠죠?	181
어서 빨리 예쁜 아기를 만나보고 싶어요.	204

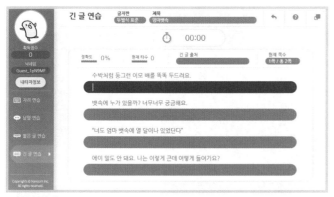

▲ 실습예제

궁금해요

어떤 동물들은 알을 낳고 새끼가 태어나지만, 사람은 엄마 뱃속에서 태어나요. 열 달이라는 오랜 시간을 기다려야 밝은 세상을 만날 수 있어요. 엄마들은 태어날 예쁜 아기를 위해 몸이 힘들어도 참고 견뎌요. 우리를 위해 고생한 엄마에게 '사랑해요'라고 말씀드려요!

2 이야기 그리기

- 뱃속에 있는 아기와 이야기할 수 있을까요?
- 아기의 모습과 표정을 그리고 전하고 싶은 이야기를 적어 보세요.

◉ 연습파일 : 엄마뱃속.gif

작업예제

완성예제

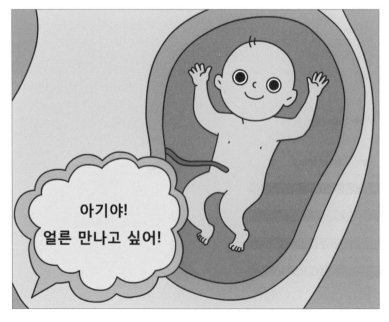

아기야!
얼른 만나고 싶어!

그림판에서 엄마뱃속
그림을 불러온 후 [색 채우기]
툴로 예쁜 색을 끌라 채워 보세요.
[브러시]로 얼굴 표정도 만들고
[텍스트] 툴로 아기에게 하고
싶은 말을 적어 보세요.

따라해보세요

3 파워포인트로 만들어요

- 도형에 3차원 서식을 설정하는 방법을 알아보아요.
- 애니메이션 옵션을 설정하는 방법을 알아보아요.

⊙ 연습파일 : 병아리.pptx
◎ 완성파일 : 병아리(완성).pptx

넓은 운동장을 병아리가 뛰어다녀요. 무사히 장애물을 통과할 수 있도록 친구들이 애니메이션을 만들어 보아요.

▲ 완성파일

① 병아리가 통과하려는 도형을 Ctrl 을 누른 상태에서 클릭하여 모두 선택해요. 마우스 오른쪽 버튼을 클릭하고 바로 가기 메뉴에서 [개체 서식]을 클릭해요.

② [도형 서식] 작업 창의 [도형 옵션]-[효과]의 [3차원 서식]에서 [깊이]를 '20pt'로 설정하고 작업 창의 [닫기] 단추를 클릭해요

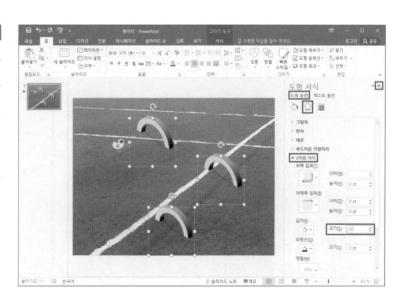

③ 병아리를 선택하고 [애니메이션] 탭-[애니메이션] 그룹의 [자세히]를 클릭해요. 애니메이션 목록이 표시되면 [이동 경로]의 '사용자 지정 경로'를 선택해요. 마우스 포인터 모양이 변경되면 병아리가 도형 아래를 통과하도록 그림과 같이 드래그해요. 마지막은 시작하는 부분으로 다시 돌아오도록 해요.

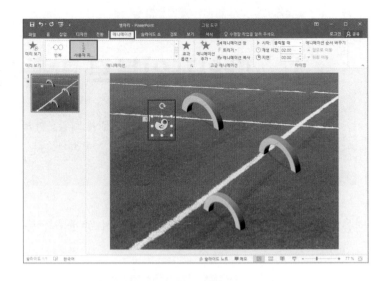

④ [애니메이션] 탭-[타이밍] 그룹의 [재생 시간]을 '5초'로 변경하고, 세부 옵션을 설정하기 위해 [고급 애니메이션] 그룹의 [애니메이션 창]을 클릭해요.

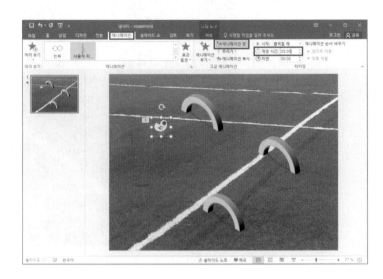

⑤ 슬라이드 오른쪽에 [애니메이션 창]이 표시되면 삽입된 애니메이션 위에서 마우스 오른쪽 버튼을 클릭한 후 [타이밍]을 선택해요. [사용자 지정 경로] 창의 [타이밍] 탭에서 [반복]을 '슬라이드가 끝날 때까지'로 변경하고 [확인] 단추를 클릭해요.

⑥ [슬라이드 쇼]를 실행하면 계속 반복하여 병아리가 움직이는 것을 볼 수 있어요.

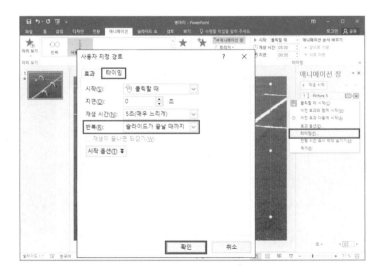

혼자서 해보기

1 그림과 같이 별이 달 주위를 도는 애니메이션 슬라이드를 만들어 보세요.

◉ 연습파일 : 달.pptx
◎ 완성파일 : 달(완성).pptx

2 우주를 천천히 떠다니는 애니메이션 슬라이드를 만들어 보세요.

◉ 연습파일 : 우주인.pptx
◎ 완성파일 : 우주인(완성).pptx

24 미래의 내 모습

- 친구들이 어른이 되면 어떤 직업을 가지고 싶은지 이야기 나누어요.
- 장래 희망을 이루기 위해 어떤 노력을 해야 하는지 알아보아요.

1 타자연습

- 친구들이 되고 싶은 장래 희망에 대해 이야기를 나누어 보아요.
- 한컴타자연습에서 이야기를 타자로 연습해요.

⊙ 연습파일 : 장래희망.txt

	타수
예쁜 옷을 만드는 패션 디자이너가 될래요.	23
아픈 사람들에게 희망을 주는 의사가 될래요.	48
노래도 잘하고 멋지게 춤추는 가수가 될래요.	73
어려움을 당하는 사람들을 구해주는 소방관이 될래요.	102
아이들에게 지식을 알려주는 선생님이 될래요.	127
불쌍한 사람들을 도와주는 사회복지사가 될래요.	153
하고 싶은 것도, 되고 싶은 것도 너무나도 많아요.	182
우리들은 엄마 아빠를 사랑하는 멋진 어른이 될래요!	211

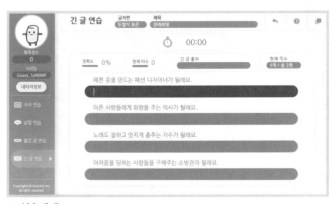

▲ 실습예제

장래 희망은 어른이 되었을 때 가지게 되는 직업을 말해요. 누구나 되고 싶은 장래 희망이 있을 거예요. 되고 싶은 목표를 정하고 그 꿈을 위해 공부해야 하는 것들을 미리 준비한다면 좋겠죠? 여러분이 되고 싶은 장래 희망은 무엇일까요? 친구들과 미래에 되고 싶은 내 모습을 이야기해 보아요.

2 이야기 그리기

- 미래의 나는 어떤 사람이 되어 있을까요? 지금 생각하고 있는 꿈이 이루어질 수 있을까요?
- 내가 되고 싶은 미래의 내 모습을 그려 보세요.

◉ **연습파일** : 장래희망.gif

작업예제

완성예제

그림판에서 장래희망
그림을 불러온 후 다양한
기능을 이용하여 그려 보세요.
완성된 그림은 선생님의
설명을 듣고 바탕화면으로
만들어 보세요.

따라해보세요

에피소드
3 파워포인트로 만들어요

- 슬라이드 화면 전환 효과를 적용하는 방법을 알아보아요.
- 슬라이드 쇼로 발표하는 방법을 알아보아요.

⊙ 연습파일 : 나의꿈.pptx
◎ 완성파일 : 나의꿈(완성).pptx

친구들이 되고 싶은 꿈은 무엇일까요? 슬라이드에 내가 생각하는 장래 희망을 만들고 발표해요.

▲ 완성파일

① '나의꿈.pptx' 파일을 불러와요. 첫 번째 슬라이드에 내가 되고 싶은 꿈과 친구들의 이름을 그림과 같이 입력해요.

② 두 번째 슬라이드를 선택하고 [삽입] 탭-[이미지] 그룹-[그림(🖼)]을 클릭해요. [그림 삽입] 대화상자가 표시되면 '요리사.png'를 선택하고 [삽입] 단추를 클릭해요. 슬라이드에 그림이 삽입되면 적당한 크기로 조절해요.

③ 오른쪽 텍스트 입력창에는 여러분이 선택한 직업이 되고 싶은 이유를 입력해요.

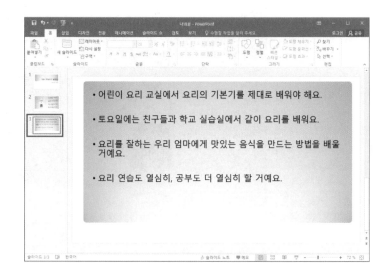

④ 세 번째 슬라이드를 선택하고 꿈을 이루려면 어떤 노력을 해야 할지 친구들의 다짐을 그림과 같이 입력해요.

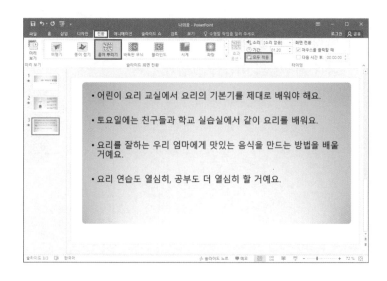

⑤ [전환] 탭-[슬라이드 화면 전환] 그룹-[자세히]에서 '흩어 뿌리기'를 선택해요. 모든 슬라이드에 전환 효과를 적용하기 위해 [타이밍] 그룹에서 [모두 적용]을 클릭해요.

⑥ [슬라이드 쇼] 탭-[슬라이드 쇼 시작] 그룹-[처음부터]를 클릭해요. 슬라이드 쇼가 실행되면 마우스를 클릭하여 화면 전환 효과가 모든 슬라이드에 적용되었는지 확인해요.

혼자서 해보기

① 그림과 같이 각 슬라이드에 내용을 채워 만들어 보세요.

⊙ 연습파일 : 전통놀이.pptx
◎ 완성파일 : 전통놀이(완성).pptx

우리나라의 전통놀이

전통문화지킴이

강강술래

❖달밤에 부녀자들이
손을 잡고 월을 그리며
춤추는 놀이

❖추석날 밤이나
정월대보름에 많이 한다.

윷놀이

❖정월 초하루에서 보름까지
윷이라는 놀이도구를
사용하여 즐기면서
노는 놀이

❖사회 도는 척사회라고도
부른다.

연날리기

❖겨울철 바람을 이용하여 연
을 하늘에 띄우는 민속놀이

❖종이에 가는 대나무가지를
붙여 연을 만들고 얼레에 감
을 실을 연결한 다음 날리면
서 놀이